Secrets of the Short Game

Phil Mickelson

쇼트게임 비법

PHIL MICKELSON

쇼트게임 비법

SECRETS OF THE SHORT GAME

필 미켈슨 지음 | 이동우 옮김

An Imprint of HarperCollinsPublishers

시그마북스
Sigma Books

PHIL MICKELSON 쇼트게임 비법

발행일 2010년 01월 4일 초판 1쇄 발행
지은이 필 미켈슨
옮긴이 이동우
발행인 강학경
발행처 시그마북스
마케팅 정제용, 김효정
에디터 권경자, 김진주, 이정윤, 김경림
디자인 김세아, 김경임

등록번호 제10-965호
주소 서울특별시 마포구 성산동 210-13 한성빌딩 5층
전자우편 sigma@spress.co.kr
홈페이지 http://www.sigmapress.co.kr
전화 (02) 323-4845~7(영업부), (02) 323-0658~9(편집부)
팩시밀리 (02) 323-4197
인쇄 백산인쇄

가격 45,000원
ISBN 978-89-8445-380-7(13690)

SECRETS OF THE SHORT GAME

골프 인생을 만들어주신 부모님,

골프의 진가를 알려준 아내와 자식들에게

제 1 장

퍼팅 *Putting*

I

제 2 장

칩핑 *Chipping*

49

Contents

추천의 글

내가 필에게 처음 골프 클럽을 쥐어 줄 때만 해도 오늘과 같은 최고의 골퍼로 만들 생각은 없었다. 필은 두 살이 채 되지 않았고, 메리와 나는 가족끼리 골프를 즐길 수 있게 하기 위해 필에게 골프를 가르쳐주는 정도였다. 그때만 해도 필이 성장해 골프에 통달하고 골프를 다른 사람에게 전해줄 수 있는 경지에 오르리라고는 생각하지 못했다. 필이 이룩한 업적이 우리를 감격 시켰듯이 이 책의 출판 역시 매우 의미가 크다.

　어린 필에게 골프를 가르칠 때 나는 대학시절에 배운 훈련원칙을 그대로 적용했다. 나는 골프를 즐겨하던 가장에서 필을 훈련시키는 지도자로 변신하였다. 그 변신은 어린 필의 열의를 북돋아주고 오늘의 성공 가도를 달릴 수 있게 만든 복 받은 선택이었다. ❯

내가 필을 가르칠 때 사용했던 원칙들이 모든 사람들에게도 도움이 된다고 믿기에 그중 몇 가지를 독자들에게 전해주고자 한다. 이 원칙들은 필의 책을 읽고 본인의 기록을 향상시키려는 골퍼들에게 도움이 될 것으로 확신한다.

●　●　●

내가 가장 중요하게 생각하는 원칙은 골프게임에서 재미를 느끼게 유도하는 것이다. 골프는 매우 어려운 게임이어서 때로는 좌절감을 느낄 수도 있다. 집 뒤뜰에 있는 연습장에서 필에게 골프를 가르치면서 나는 항상 필이 재미를 느끼는 순간을 찾았으며, 그가 재미를 느끼는 바로 그 순간에 훈련을 마치곤 했다. 항상 가장 재미있는 순간에 훈련이 끝났기 때문에 필은 골프에 거의 중독되다시피 하였고 어디에 가든지 골프 클럽을 손에서 놓지 않았다. 심지어는 잠을 잘 때에도. 여러분들이 이 책으로 연습할 때 훈련이 고역으로 변할 만큼 너무 오랫동안 연습하지 말 것을 제안한다. 좋은 성과를 내서 게임이 가장 재미있을 시점에 연습을 멈추고 무엇을 잘했는지를 생각해보라. 이 책에는 굉장히 많은 정보가 들어 있다. 이 정보는 여러분의 실력을 단기간에 향상시켜줄 것이 분명하지만 모든 것을 한 번에 배우려고 너무 서두르지는 말라.

두 번째 조언은 연습의 내용과 시간에 대한 것이다. 필이 10대에 들어섰을 때 그는 이미 탐구적인 골프선수가 되어 있었다. 필은 오랫동안 연습하지만, 그냥 공만 치는 연습이 아니라 깊은 생각을 하면서 훈련을 했다. 필은 어떻게 하면 구질이 다른 임팩트를 만들어 낼 수 있을까 하는 의문을 가지고 스윙을 하나씩 했다. 필은 샷을 할 때 느끼는 감각에 집중하였고, 어떻게 하면 탄도를 높이거나 회전을 더 많이 만들까 하는 것을 곰곰이 생각하였다. 필은 연습의 양보다 내용을 중요시 했다. 그래서 그는 일반적인 샷 연습 외에 본능적인 감각을 익히려 노력했다.

필은 원인과 결과의 관계를 파고들었다. 필의 이러한 자세는 내가 골프는 상반된 특성을 지닌 운동이라고 가르친 결과로 본다. 나는 필에게 공을 높이 올리기 위해서는 왜 공의 밑을 쳐야 하며, 오른쪽으로 굽는 공을 치려면 왜 왼쪽 방향으로 스윙해야 하는지 그 이유를 설명했다. 필은 공을 칠 때마다 왜 그렇게 쳐야 하는지를 생각했다. 필과 뒤뜰에서 연습할 때 우리는 어떤 샷을 칠 것인가를 먼저 말로 설명한 다음, 본인이 말한 그대로 공을 쳐야 하는 '콜샷call shot' 게임을 하곤 했다. 콜샷은 필에게 굉장히 큰 도움이 되었는데, 이는 필이 (나를 포함해서) 샷을 하기 전에 먼저 샷을 설계하도록 유도했기 때문이다. 여러분도 필이 제안하는 칩, 피치, 그리고 샌드샷 등을 훈련할 때, 연습하는 샷 하나하나마다 샷을 하는 목적이 있어야 한다. 어떤 샷은 코킹을 유지하는 연습이 될 수 있고, 또 어떤 샷은 클럽페이스를 오픈시키는 기술 샷에 대한 연습이 될 수도 있다. 반면 목적도 없이 기계처럼 연습한다면 필이 조언하는 내용은 아무런 쓸모가 없게 된다.

필이 쇼트게임을 하는 여러 사진들은 많은 도움이 될 것이다. 초창기 뒤뜰에서 연습할 때는 필의 안전을 제일 먼저 보살폈다. 필이 기저귀를 차고 있을 만큼 어릴 때, 나는 칩 샷이나 피치 샷을 하면서 필이 골프공을 가지고 노는데 정신이 팔리게끔 했다. 필을 안전하게 돌보기 위해 나는 필을 바로 내 눈앞에 두고 연습했다. 그렇게 여섯 달이 지나자 필은 처음으로 조그마한 오른손잡이용 클럽을 가지게 된다. 생의 첫 스윙을 하기 위해 나와 필의 위치를 바꾸었다. 양발의 위치, 손과 그립 등 기본자세를 알려주고 한 발 뒤로 물러나면서 이제 공을 쳐도 된다고 했다. 나는 필의 행동을 보면서 깜짝 놀랐다. 필은 왼손잡이 식으로 그립을 다시 잡고 클럽의 뒷면으로 공을 치면서 스윙도 크게 만들었다. 필의 스윙을 두 번 보면서 감탄한 나는 필의 스윙을 교정해 주지 않고 대신 골프 클럽을 왼손잡이용으로 바꾸기로 결심했다. 그리고 우리는 차고에 가서 클럽을 새로 깎고 로프트를 조정하여 나무로 된 어린이용 골프클럽을 만들었다. 이 클럽은 필이 가장 좋아하는 장난감이 되었고, 지금도 필의 트로피 방에 있는 그 낡은 클럽은 우리에게 정겨운 추억들을 불러일으키곤 한다. 이 책에서 필이 직접 보여주는 왼손 기술은 여러분께 큰 도움이 될 것이다. 특히 얼굴을 맞댄 사진들을 보면서 마치 거울을 보는 것처럼 자신의 스윙을 점검할 수 있을 것이다.

● ● ●

내가 가르칠 수 있는 골프의 모든 것을 필에게 알려 주면서 한동안 즐거운 시절을 보냈다.

가르칠 때는 기본에 충실했고 복잡하게 설명하지 않았다. 나의 이런 훈련 방식이 큰 효과를 보아 필은 급성장했다. 필이 14세가 되면서 누구와도 스크래치를 할 수 있게 되었고, 골프에 관한 지식은 나를 능가하기 시작했다. 이제 나보다 훌륭하고 경험이 풍부한 지도자에게 필을 부탁하고 나는 뒤로 물러설 때가 된 것이다. 그 이후 필의 선생님이 곁에 없을 때 필이 물어보는 말에만 대답하는 조수의 역할을 하기 시작했다. 아버지인 나, 필, 필의 남동생 팀, 그리고 여동생 티나가 함께 한 그 시절의 소중함은 값으로 따질 수 없다. 나는 골프는 물론이고 아버지가 되는 것에 대해 많은 것을 배웠다. 이제는 말로 표현할 수 없을 만큼 필이 자랑스럽다. 프로 골프선수로서 자랑스럽기도 하지만 사람 됨됨이로서 필이 더욱 자랑스럽다. 독자 여러분이 이 책을 탐닉하면서 필과 교류하는 시간이 되길 바란다.

나는 필에게 골프의 기초를 익혀주고, 이 책에서 제시하는 멋진 연습의 기틀을 만들어 주었다는 사실에 자부심을 가지고 있다. 골프 실력을 키우려고 항상 최선을 다하는 열성분자의 한 사람으로서, 나도 이 책을 보면서 하나라도 더 배우길 기대하고 있다.

필 미켈슨의 아버지

들어가는 글

어린시절 뒤뜰에서 연습할 때 재미 없었던 기억은 한 번도 없다. 내가 골퍼로서 성공한 원동력은 바로 그때 느낀 재미가 전부다. 내 골프 인생은 그 뒤뜰에서 태어났고, 그곳에서 쌓은 경험은 모든 골프경기, 교육용 DVD, 그리고 이 책의 기초가 되었다. 드라이버를 치기 전까지는 그 칩핑그린이 골프와 만나는 유일한 통로였다. 잔디는 내가 깎았는데 그곳에서 연습도 하지만 칩핑그린을 멋있게 꾸미고 싶은 이유도 있었다. 예쁘게 만든 그린을 아끼기 위해 연습 때 디봇을 깊게 파지 않으려고 노력했다. 나는 잔디를 파는 것이 아니라 비로 쓸다시피 스윙을 했다. 디봇의 잔디가 옆집으로 넘어가지 않도록 조심했다. 물론 100% 성공하지는 못했다. 하지만 이런 노력이 정확하고 일관성 있는 최상의 칩핑 실력을 만들어주었다. ❯

올리브와 오렌지 나무 사이에서 공을 치고, 벙커를 넘어서 공을 치고, 벙커에 샷을 하면서 뒤뜰에서 보낸 시간은 꽤나 오래되었다. 이렇게 재미있는 짧은 샷을 하면서 나는 나만의 독창적인 골프를 만들어가기 시작했다. 그러면서 더 재미있는 놀이가 하고 싶었다. 집 모퉁이에서 그린 뒤쪽에 있는 개천까지 거리는 41야드다. 아버지는 한번에 홀에 넣을 경우 5센트를 주셨다. 나는 대학 학비를 벌려고 한달 동안 홀에 공을 넣는 시도를 했다. 십대 소년으로서 앞마당에서 집을 넘겨 뒤편에 있는 그린을 향해 공을 날리기 시작했으나 우리 집은 물론이고 옆집 유리창 수리비로 더 많은 돈이 필요했다.

지금은 다른 방법으로 연습을 하고 있으나 그때는 참 즐거웠다. 부모님은 연습과 시합출전을 도와주셨다. 쇼트게임을 내 것으로 만드는 데는 여러 해가 걸렸다. 내가 배운 기술을 쉽게 터득하는 방법은 이 책을 공부하는 것이며 아울러 시간도 단축할 수 있다. 쇼트게임장으로 나갈 때 올바른 기본기 연마를 통해 내가 배웠던 시간보다 짧은 시일 내에 배우지 말란 법은 없다. 많은 사람들이 시간을 질질 끌면서 연습하고 있다. 이는 나쁜 습관을 몸에 배게도 하지만 경험을 통해 골프를 배울 수 있게도 한다. 이 책은 그냥 그럭저럭 골프를 연습하려는 사람들을 위한 것이 아니다. 이 책은 여러분이 세계적인 쇼트게임 선수로 탈바꿈 하는데 도움이 되도록 만들어졌다. 한 라운드 중 모든 쇼트게임의 50% 이상을 50m보다 짧은 거리에서 하게 된다. 이는 골프에 있어 다른 어느 기술보다도 쇼트게임에 시간을 투자해야 한다는 의미이다.

• • •

훌륭한 볼 스트라이커는 못 되었어도 골프 인생에서 성공한 선수들은 많다. 반면 공을 잘 쳤으나 쇼트게임을 못해서 실패한 선수도 많다. 골프는 홀컵에 공을 넣는 것으로 모든 것을 결정한다. 이것이 골프의 핵심이다.

나의 레슨은 홀에서 시작하여 홀에서 끝난다. 내가 말하는

'손목을 코킹하고 유지하기'(본문에는 '손목코킹'으로 간단히 표현되어 있음—옮긴이) 방법은 50m 거리에서 하는 샷이 기본이 되며 이해하기 쉬운 기술이다. 이제 1m 퍼팅을 실수 없이 성공시키고 1m 원 안에 공을 넣는 여러 가지 기술 샷에 대해 알아본다. 이 기술에 숙달되면 골프게임은 4인치 컵을 맞추는 것보다 쉽게 풀린다.

• • •

골프 장비가 발전하면서 풀스윙 기술도 변했다. 토크가 작은 강한 샤프트의 장점을 살리기 위해 스윙이 과거보다 업라이트 형태로 바뀌었다. 6,70년대 선수를 보면 샤프트가 약했기 때문에 임팩트 할 때 다리를 굽혔고 상체를 뒤로 젖히는 모양이었다. 그러나 칩핑기술은 변한 것이 없다. 1979년 영국 오픈에서 승리할 때 주차공간에서 세브 발레스테로스 Seve Ballesteros가 시도한 칩핑이나, 1982년 미국 오픈 중 그린사이드 러프에서 톰 왓슨이 했던 칩핑을 다시 보자. 아니면 그 이전에 1959년 윙드 풋에서 열린 미국 오픈 3번홀 파 3에서 빌리 캐스퍼 Billy Casper가 매번 레이업을 하고 네 번의 파를 만들면서 우승한 것을 기억해보자. 이들은 테이크어웨이를 시작할 때 이미 코킹을 만들었다. 가속을 붙여 공을 치며, 임팩트 할 때 클럽은 항상 손보다 뒤에 있었고, 코킹을 폴로스루까지 풀지 않았다. 이들의 공통점은 팔로만 스윙의 크기를 만드는 시계연상법은 볼 수 없었고, 이번에 배우게 되는 손목을 고정하고 있었다.

이제 그린 위를 굴러가는 공을 보고 그린을 읽는 방법을 배우면서 최고의 퍼팅선수가 되는 길을 알게 될 것이다. 그러면 여러분은 본인이 퍼팅에 재능이 있는지, 없는지 고민하게 된다. 그러나 내 생각은 다르다. 공을 치는 것, 퍼팅의 감을 느끼는 것, 그린을 읽는 것, 이런 모든 것들은 올바른 훈련과 정확한 기술을 배우면 쉽게 정복할 수 있어 여러분 모두가 훌륭한 퍼팅선수가 될 수 있다는 것이다. 몇 해 전 데이브 펠츠가 세계 퍼팅대회에 참석했다. 투어프로와 핸디캡이 높은 일반인 구분

없이 모두에게 참가 자격이 주어졌다. 대회 결과를 보면 누구나 프로처럼 퍼팅을 잘 할 수 있다는 것이 증명되었다. 여러분은 퍼팅도 배울 수 있고, 칩도 배울 수 있기 때문에 그 방면에선 프로보다도 더 잘할 수 있다.

• · ·

칩샷을 했는데 왜 공이 퍼팅한 것처럼 휘어져 굴러가고, 공을 높이 띄워 치면 왜 브레이크의 영향을 덜 받는지는 한마디로 말하기 어렵다. 여러분은 이미 골프의 기본은 알고 있다. 이 책의 목표는 쇼트게임을 이해시키고 기초를 훈련시켜, 여러분을 50m보다 짧은 쇼트게임의 대가로 만드는 것이다. 즉, 여러분의 문제점을 찾아내도록 도와주고 그에 대한 해결책을 제시한다.

그래도 골프에 재미를 잃어서는 안 된다. 내 딸 소피아와 같이 코스에 나가면 우리는 마지막에 항상 퍼팅시합을 한다. 내가 5~6홀마다 두 개씩 잡아주지만 게임은 팽팽하다. 딸은 항상 2~3개의 퍼팅을 한다. 퍼팅을 아주 잘하며 나와 시합하는 것을 기다리고 있다.

여러분도 도전하는 골프가 즐겁다는 것을 경험하기 바란다. 새 기술을 배우는 것에 흥미를 느껴야 한다. 연습은 즐기면서 하고, 쇼트게임 실력이 비약적으로 향상되는 것을 눈으로 직접 보아야 한다. 스코어가 줄어드는 것을 즐기자. 그래서 예전에 느끼지 못했던 골프의 재미를 온몸으로 느껴보자.

필 미켈슨 Phil Mickelson

퍼팅을 할 때
본인의 퍼팅 모습이 어떤가는 상관이 없다.
명심할 것은 손과 퍼터 면이
어드레스할 때와 똑같은 위치로 되돌아오게끔
스트로크를 하는 것이다.

KPMG
BARCLAYS
Callaway GOLF

→ **제1장** *Putting*

퍼팅

예전에도 아니 불과 몇 시간 전만 해도 퍼팅을 했겠지만, 나에게 필요한 것은 지금 내가 하는 이번 퍼팅을 꼭 성공시키는 것이다. 나는 어렸을 때부터 마스터스대회에서 우승하는 꿈을 가졌다. 첫 출전한 1991년부터 대회준비를 해왔고 세 번씩이나 계속해서 3위를 했다. 그러나 큰 대회에서 3위와 1위 차이는 실로 컸다. 어니 엘스Ernie Els는 연습 그린에서 내가 파를 성공시키는지 지켜보고 있었다. 성공하면 10번 홀에서 연장전을 하게 된다. 나는 지금 이 퍼팅을 꼭 성공시켜야 한다. ❯

성공적인 퍼팅을 위해 꼭 필요한 네 가지가 있다면 그린 읽기, 스피드, 몸의 정렬, 그리고 스트로크를 들 수 있다. 볼과 홀컵 사이의 브레이크를 잘 읽어야 하며, 이에 맞게 몸을 정렬해야 한다. 퍼팅선 상의 그린 빠르기를 감각으로 느끼고 이를 볼에 전달한다. 머리, 어깨, 허리, 발을 상하 좌우로 뒤틀림 없게 자세를 취하고, 볼을 보내고자 하는 선과 몸이 평행이 되도록 정렬해야 한다. 그 다음 퍼터 면이 정확하게 볼을 타격하도록 스트로크도 잘해야 한다. 정렬을 똑바르게 하고, 퍼팅라인도 올바르게 읽고, 볼을 정확하게 친다고 해도, 퍼터 면이 공을 비껴 맞았다면 공은 홀컵에 들어갈 리 없다. 위 네 가지 요소를 마음에 새기고 퍼팅을 한다면 자신감이 생길 것이다.

• • •

대학시절엔 그린에서 홀을 향해 공을 톡 치거나 아니면 멀리 지나가지 않도록 공을 밀어치기도 했다. 이런 스윙은 빠르기가 보통이거나 잔디가 역결인 그린에서는 효과가 있다.

1993년 인버네스Inverness, 내 생에 첫 PGA 대회에서 어니 엘스, 잭 니클라우스와 한 조를 이루었다. 잭 니클라우스와는 처음으로 같은 조에서 경기를 하게 되었다. 대회 이틀 동안 긴 거리를 붙이

는 잭의 퍼팅 능력에 감탄했다. 나는 붙이는 퍼팅으로 중압감도 벗어나고 동시에 파 퍼팅으로 홀을 끝내는 전략으로 경기 스타일을 바꾸어야만 한다는 것을 깨달았다.

나는 부단히 연습했고 실력도 향상되었으며, 특히 2004년 데이브 펠츠 Dave Pelz와 함께 연습한 후부터는 눈부신 발전을 했다. 우리는 연습을 하면서 내가 퍼팅선에서 직각 방향으로 퍼터를 뒤로 빼지 못한다는 것을 찾아냈고, 이에 대한 교정이 필요하다는 것을 알았다. 우리는 퍼팅튜터라는 연습기구를 만들었다. 플라스틱으로 된 삼각형 한쪽에 볼을 놓고, 다른 쪽에는 골프공보다 약간 넓게 두 개의 작은 쇠구슬을 출입문의 기둥처럼 올려 놓은 것이다. 이 기구를 퍼팅선에 맞추어 놓고 쇠구슬 사이로 볼을 정확하게 내보내는 연습을 한 것이다. 공을 두 개의 구슬 사이로 내보낸 후 30cm 이상 퍼팅선을 따라가게 가속을 붙이면 공은 목표선을 따라 홀컵으로 미끄러지듯 들어간다.

• • •

2004년 마스터스대회에서 내가 12번 티박스에 있을 때 어니 엘스는 13번 홀에서 3타차 선두를 만들기 위해 이글퍼팅을 하고 있었다. 그가 퍼팅을 끝내기 전

에 나는 12번 홀을 출발해야만 했다. 나는 12번 홀에서는 3.5m 버디를, 13번 홀에서는 퍼팅 두 개로 버디를, 14번 홀에서는 30cm 퍼팅을, 16번 홀에서는 4.5m 퍼팅을 성공시켜 공동 선두가 되었다.

18번 홀에서 어프로치로 홀컵에 5.5m로 붙여서 같은 퍼팅선 상에 있는 크리스 디마르코Chris DiMarco의 퍼팅을 참고할 수 있었다. 브레이크도 거의 없었다. 나는 5년 전 파인허스트 Pinehurst에서 열린 전미 오픈U.S Open에서 마지막 일곱 개 홀 중 다섯 홀을 한번의 퍼팅으로 마무리하고 4.5m 거리를 성공시켜 우승한 파인 스튜어트Payne Stewart를 머릿속에 그렸다. 나도 지난 여섯 개 홀에서 네 개의 버디를 했기 때문에 자신감이 충만했고 퍼팅 감각도 좋았다. 공에 다가설 때 흥분된 마음은 사라지고 퍼팅튜터로 연습하는 것만 생각났다. 크리스가 살짝 빗나간 것을 보고 그보다 약간 왼쪽을 보았다. 내 공 앞에 두 개의 구슬이 문기둥처럼 서 있다는 생각으로 두 번의 연습 스트로크를 한 후 다가서서 퍼팅을 성공시켰다. 나는 평소에 하던 루틴을 믿고 내 꿈이 실현되는 인생 최대의 퍼팅을 하고 있었다.

마음에 부담을 주지 말고 어떤 퍼팅이든지 똑같이 생각하라. 그러면 여러분의 루틴과 리듬은 변함없이 항상 일정할 것이다.

→ 스트로크 만들기

내가 들은 퍼팅의 첫 번째 법칙은 퍼팅은 퍼터가 일직선 상에서 앞과 뒤로 움직이고 퍼팅을 하는 동안 퍼터 면은 항상 목표지점을 향해야 한다는 것이다. 이 말은 경우에 따라 맞을 수도 있지만 틀릴 수도 있다. 스윙 경로는 물론이고 스윙 도중 퍼터가 곡선회전 운동을 하는 모양까지 여러분이 만드는 것이 아니라 여러분이 사용하는 퍼터가 좌우한다는 것을 명심하자. 즉, 퍼터의 디자인이 스트로크 모양을 결정한다고 믿으면 된다. 퍼터의 특성을 무시하고 스트로크를 하고 있다면 이길 수 없는 싸움을 하는 것과 다름 없다. 퍼팅 스타일은 개인의 차이와 특성에 따라 여러 가지 방법과 형태 그리고 다양한 모양과 종류가 있을 수 있다. 그러므로 퍼터는 여러분이 하고자 하는 스트로크를 할 때 느낌이 가장 잘 오는 제품을 선택해야 한다.

A

B

→ 준비자세와 그립

퍼팅을 시작할 때는 마음과 느낌이 모두 편안해야 한다. 여러분 나름대로 하는 역학적인 분석은 생략하는 편이 좋다. 손, 팔, 다리 그리고 온몸이 편안해야 한다. 두 발은 서서 이야기할 때와 같이 편안한 너비로 벌린다. 허리만 구부려서 등이 경직되거나 긴장감을 느끼지 않도록 해야 한다. 팔은 힘을 빼고 아래로 떨어뜨리듯 자연스럽게 편다. 퍼팅은 비교적 작은 움직임이기 때문에 준비 자세는 부드러우면서도 동시에 정확한 리듬을 탈 수 있도록 해야 한다.

모든 퍼팅의 준비자세는 똑같다

내 퍼팅의 준비자세 그 자체에는 큰 의미가 없다. 대신 나는 모든 퍼팅을 일관성 있게 하는데 의미를 부여한다. 나는 매번 퍼팅을 할 때마다 퍼터를 항상 똑같은 위치에 가져다 놓는 루틴을 한다. 퍼팅 준비가 끝난 후 내 자세는 3m 퍼팅인지 30m 퍼팅을 준비한 것인지 구분이 안 될 정도로 같다.

견고한 톱핸드 그립 만들기

나의 경우 퍼터 면이 열렸다 닫히는 회전퍼팅을 하기 때문에 클럽을 먼저 잡는 쪽 손(필의 경우 먼저 잡는 오른손을 말함 — 옮긴이)이 회전하기 쉽게 클럽을 잡아야 한다. 톱핸드 그립이 완성되면 준비자세를 취했을 때 주먹관절이 두 개 보여야 한다(위).

그 다음 아래 손바닥을 목표를 향하게 놓고 클럽을 잡는다. 이때 양손의 엄지는 그립의 평평한 면 위에 올려놓아 손가락이 클럽을 잡고 있다는 감을 실어 주어야 한다. 위쪽 손의 검지가 아래 손(가락)을 어떻게 덮고 있는지 세심히 살펴보라 (아래). 두 손이 겹쳐져 있으며 스트로크를 하는 동안에는 마치 하나의 손 같이 작동한다.

→ 고정관념을 넘어서자

골프엔 수많은 격언이 있으며, 그중엔 아주 좋은 내용도 있으나 믿지 말아야 될 허무한 내용도 있다. 예를 들어 양손이 서로 마주보며 대칭이 되도록 그립을 잡는 방법이다. 그러면 두 손바닥이 서로 마주보게 되어 퍼팅을 시작해서 끝날 때까지 퍼터 면을 퍼팅라인과 수직이 되도록 유지할 수 있다는 것이다. 나는 손바닥이 마주보는 합장법은 장점보다 단점이 많다고 믿는다. 두 손이 유연하지 못하기 때문에 퍼팅을 자유롭게 할 수가 없다. 자연히 퍼터 면이 열리고 닫히는 것이 부자연스러워 긴 거리 퍼팅일수록 더 불리하다. 합장법은 공에 대한 터치감과 퍼팅감각을 방해하기 때문에 좋은 실력자가 되려면 이 방법을 따라 해서는 안 된다.

손에 유연성을 잃지 말자

위의 사진에서 왼쪽의 합장법 그립은 손목의 꺾임이 부자연스러워 두 손의 회전 운동을 방해한다. 이처럼 두 손의 자연스러운 움직임이 방해를 받기 때문에 합장법 그립으로는 공을 정확하게 보내기도 어렵고 스윙을 할 때도 좋은 감각을 느낄 수 없다.

* 그림에서 Ⓝ은 잘못된 방법, Ⓨ는 올바른 방법을 나타낸다. —옮긴이

부드럽고 느낌이 살아있는 그립이 필수

퍼팅하는 도중에는 그립을 항상 가볍게 잡고 이 감각을 끝까지 유지하는 것이 무엇보다도 중요하다. 퍼터가 손안에서 따로 놀지 않을 정도로 힘을 주어 잡되 의식적으로 퍼터를 꽉 잡고 있다는 느낌이 들어서는 안 된다.

경기하는 나를 보면 위쪽 손을 먼저 잡은 다음 아래 손을 가볍게 올려놓는 것을 볼 수 있다(왼쪽). 그립을 몇 번 잡았다 놓았다 하면서 두 손을 하나로 밀착시키는 것으로 볼 수 있다(작은 사진). 거의 감각만으로 그립을 잡기 때문에 손이 편안하고 힘이 빠진 것처럼 보인다.

→ 공의 위치

스탠스 너비에 따라 공을 놓는 위치가 항상
일정해야 한다. 공을 양발 사이 가운데에 놓
는 골퍼가 있는가 하면 홀컵 또는 목표가 있
는 쪽으로 약간 앞쪽에 놓는 사람도 있다.
나를 포함한 대부분은 중앙에서 약간 앞쪽
에 놓는다. 공을 어디에 놓는가 하는 것은
중요한 것이 아니다. 스탠스 폭이 넓거나 좁
아지면 공의 위치에 약간 변화를 주지만 결
국 스탠스 크기에 따른 공의 위치는 같다고
보아야 한다. 그 이유는 첫째, 공의 위치가
클럽의 로프트 역할에 영향을 주기 때문이
고, 둘째로 공의 위치가 변하면 볼의 타점
위치도 변하기 때문이다. 공의 위치를 바꾸
면 공에 발생하는 회전력도 함께 변하게 된
다. 또한 밀거나 당기는 퍼팅이 많아지게 된
다는 것도 꼭 기억하자. 내가 놓는 공의 위
치는 퍼팅의 고수들이 하는 방법과 같기 때
문에 여러분도 나와 같은 방법에 따라 자신
의 루틴을 만들어 나갈 것을 권한다.

공의 위치는 약간 앞쪽이다

많은 선수들이 공을 스탠스 앞쪽에 놓는 것을 선호하는 데는 그만한 이유가 있다. 내 두 눈이 공을 뒤쪽에서 바라보기 때문에 공과 홀컵의 위치를 정확하게 판단할 수 있다. 따라서 보다 정확한 조준을 할 수 있다. 어드레스와 퍼팅을 할 때 내 양손이 앞으로 약간 기울어 있기 때문에 나는 클럽의 로프트 각을 최대한 이용하게 된다. 동시에 공을 친 직후 클럽이 올라가는 형태의 스윙을 할 수 있다. 볼을 앞쪽에 놓으면 목표선에서 수직으로 퍼터를 이동시킬 수 있는 여유가 많이 생겨서 퍼터가 밀리는 것을 피할 수 있도록 도와준다. 퍼터가 밀리는 것을 피하는 방법은 나와 같은 힐형 퍼터를 사용하는 것이다. 힐형 퍼터는 회전을 하기 때문에 임팩트 때 공을 직각으로 맞히기가 쉽다.

만일 공을 스탠스 중앙이나 뒤쪽에 놓는다면(왼쪽 위 작은 사진), 퍼터의 경사각(로프트)을 작게 조절하는 결과가 된다. 공이 뒤쪽에 있으면 공을 급하게 내려치게 되고, 그 결과 공은 공중에 튀어 오르면서 상대적으로 회전력을 상실하게 된다. 공을 너무 앞에 놓으면(왼쪽 아래 작은 사진) 경사각을 증가시켜 공이 그린 위를 굴러가게 만들기보다는 공중에 높이 뜨게 만든다. 위 두 경우 모두 공을 맞추는 때가 너무 이르거나 늦기 때문에 조금만 밀거나 당겨도 실제로는 크게 밀거나 당겨지는 퍼팅이 만들어진다.

→ 몸과 공 사이의 거리

그 다음으로 퍼팅에서 꼭 살펴보아야 하는 것이 **공과 내 몸 사이의 거리**이다. 이미 앞에서 나는 힐형 퍼터는 스트로크 동안 퍼터 면이 열리고 닫힌다는 설명을 했다. 센터형 퍼터는 스윙폭이 크더라도 직선을 따라 스윙을 하기 쉽기 때문에 스트로크를 하는 동안 클럽 면이 뒤틀어질 확률은 적다. 퍼터의 직선운동을 쉽게 하기 위해서는 눈이 볼 바로 위에 오도록 공에 가깝게 다가서는 것이다(오른쪽). 위와 같은 퍼팅을 하고자 한다면 센터형 퍼터를 똑바로 세워야 가능하다.

A

힐형 퍼터는 볼을 더 멀리 둔다

내가 힐형 퍼터를 사용하기 때문에 센터형 퍼터를 사용할 때보다 공과 내 몸 사이의 거리를 더 멀리해야 한다. 바로 왼쪽 사진에서 내 눈의 위치가 목표선보다 몸 안쪽에 있는 것을 볼 수 있을 것이다. 내가 공에서 멀리 떨어지면 퍼터가 움직이는 선도 곡선이 될 것이고 백스윙을 하면 퍼터는 목표선보다 안쪽에서 회전이동을 한다. 퍼터는 공을 칠 때 목표선 상으로 다시 돌아오고 폴로를 하면서 목표선 안쪽으로 들어오게 된다. 퍼터 면 역시 밀고 당기는 출입문처럼 열렸다가 닫히는 운동을 하게 된다.

퍼터에 따라 스윙도 다르다

센터(A)형은 힐형 퍼터(B)보다 공에 더 가깝게 다가서야 한다. 긴 샤프트를 가슴에 대고 퍼팅하는 자세를 보면 공에 아주 가깝게 서서 퍼팅하는 모습을 볼 수 있다. 그 이유는 가슴에 대는 퍼터가 모두 센터형이기 때문이다. 따라서 가슴으로 하는 퍼팅은 스윙이 직선을 따라 앞뒤로 움직인다.

→ 장총을 겨누듯이

공을 약간 앞쪽에 놓게 되면 목표선을 확인하고 몸을 바르게 정렬하며 클럽 면을 목표에 조준하는 데 도움이 된다. 내가 시합하는 것을 살펴보면 오른쪽 사진과 같은 자세를 취하는 것을 종종 볼 수 있을 것이다. 퍼팅그린 전체를 읽은 후 어드레스를 하면서 몸의 정렬을 확인하지만 허리를 더 많이 구부려서 공과 퍼팅선에 두 눈을 좀 더 가까이 가져간다. 그다음 공, 퍼팅선, 홀컵 모두를 마치 사격할 때 총을 겨누듯 한꺼번에 조준한다. 이 방법은 공의 바로 위에서 바라볼 때 감지하지 못하는 그린에 대한 전반적인 정보를 얻게 해준다. 사격을 하면서 총열의 끝에서 목표를 바라본다고 생각하자.

공 뒤에서 살피자

공의 뒤쪽에서 보면 퍼팅의 3요소인 공, 공의 경로, 그리고 홀컵 모두를 살펴볼 수 있다. 공 뒤에 서서 몸을 구부리고 그린을 읽는 요령은 같지만, 사진에서 보는 나의 자세만이 두 눈을 목표선에 일치시킬 수 있다.

공의 위치 확인 과정 1 : 좌우 확인

어드레스를 취하고 볼을 콧등에 대고 떨어뜨린다. 이때 볼은 퍼팅할 공의
뒤쪽 퍼팅선 상에 떨어져야 한다.

공의 위치 확인 과정 2 : 앞뒤 확인

공을 목표선보다 약간 멀리에 두기 위해서(힐형 퍼터이기 때문), 공을 여러 번
떨어뜨려 본다. 공은 퍼팅할 공보다 몸쪽에 떨어져야 한다.

→ 로프트를 알아야 한다

퍼터에는 로프트가 없다고 생각하는 골퍼가 많으나 실은 아이언 클럽과 같이 퍼터에도 로프트가 있다. 퍼터를 사용하는 목적이 볼을 앞으로 내보내는 것이지만 우리가 사용하는 모든 퍼터 면에는 약 4도의 경사가 있다. 일류 선수들은 경사각을 조정하여 사용하기도 한다. 정확하게 퍼팅을 했다면 공은 얼마간을 공중에서 비행하다가 그린에 떨어지게 된다. 공이 떨어지는 순간 공과 잔디 사이에는 마찰력이 발생하며 이 힘으로 공은 회전력을 얻기 시작한다. 공에 발생하는 회전을 완벽하게 만들어내기 위해서는 공을 임팩트 할 때의 로프트가 어드레스했을 때의 로프트와 같아야만 한다.

퍼터에도 로프트가 있다

오른쪽 사진을 보면 퍼터 면이 공을 띄울 수 있도록 뒤로 젖혀져 있다. 따라서 볼에 백스핀(역회전)이 걸리거나 흔들릴 정도로 경사각을 크게 만들면서 공을 임팩트하는 스윙을 해서는 안 된다. 그러면 공이 공중에서 흔들리게 되고 잔디에 떨어지면 럭비공처럼 굴러가게 된다.

공이 굴러가는 원리

퍼터와 충돌한 직후 공은 약 3cm 거리를 비행한 후 잔디 위를 미끄러져 가면서 부드럽고 중심이 잘 잡힌 회전력을
얻기 시작한다. 퍼터 역시 임팩트 때의 최저점을 이미 지났기 때문에 폴로가 되면서 위로 올라가는 도중이라 그린과
떨어져 공중에 있다. 정확한 스윙을 했기 때문에 퍼터 면이 임팩트 후에도 계속해서 목표선과 직각을 이루고 있다.
결과적으로 공이 홀컵의 정중앙을 향해 굴러갈 확률이 높아진다.

→ 로프트를 작게 하면 퍼팅을 실패한다

퍼팅을 실수하는 이유는 많다. 경사를 잘못 읽거나, 목표를 오조준 하거나, 임팩트를 부정확하게 한다든지 아니면 공에 속도를 너무 빠르거나 느리게 붙여주는 것 등이다. 그러나 가장 흔한 실수는 조악한 스트로크를 했을 때 만들어진다. 어드레스를 할 때 손을 너무 앞에 두거나 또는 스트로크를 할 때 손목을 많이 사용하여 퍼터의 로프트를 작게 만드는 골퍼들을 자주 볼 수 있다. 두 경우 모두 볼을 내려치게 되므로 볼이 공중에 뜨게 된다. 공중에 높이 뜬 볼은 그린에 떨어진 후 어디로 굴러갈지 아무도 모른다. 속도가 맞지 않으면 공이 홀컵을 지나 많이 굴러가거나 아니면 아주 짧은 퍼팅이 된다. 동시에 정확한 퍼팅선을 따라 공을 보내는 것도 무시해서는 안 된다. 왜냐하면 공이 그린에 떨어져 튀면서 어디로 굴러갈지 예상을 할 수 없기 때문이다.

톡 튀어 떨어지며 럭비공처럼 굴러간다

내 퍼터 샤프트가 목표 쪽으로 기울어져 있다(아래). 이는 로프트를 작게 만들겠다는 의도이다. 클럽 면을 보면 로프트가 전혀 만들어져 있지 않다. 특히 공 자체에 큰 문제가 있다. 볼은 약 5mm 정도 공중에 떠있으나 퍼터가 그린 표면을 파고들어 가듯이 공을 임팩트했기 때문에 공은 튀어오를 것이고 그 후 낙하해서 어디로 굴러갈지는 아무도 모른다.

**샤프트가 앞으로 많이
기울면 문제가 발생한다**

어드레스할 때나 임팩트를 할
때 샤프트를 앞으로 많이 기울
이면 로프트가 작아지며, 지나
치게 기울이면 로프트가 음의
각이 되면서 그린을 덮어 치게
된다. 더구나 스트로크를 할
때 손을 고의로 앞으로 내밀면
클럽페이스가 열리는 미스샷
이 만들어진다(왼쪽). 이렇게
해서 소위 밀리는 퍼팅이 탄생
된다. 이를 만회하려고 억지로
손을 회전시키면 결국은 당기
는 퍼팅이 되고 만다.

→ 로프트를 크게 조작하는 것은 금물

로프트를 크게 하는 것은 작게 하는 것보다 더 나쁜 결과를 초래한다. 로프트가 증가하는 원인은 어드레스할 때 손을 너무 볼의 뒤쪽에 놓는다거나, 손목이 부드럽지 못해 공을 친 후 클럽이 손보다 앞으로 나갈 때 생긴다. 두 경우 모두 로프트를 크게 만들기 때문에 대개의 경우 로프트를 작게 할 때보다 더 나쁜 결과를 가져다준다. 로프트를 크게 하면 공이 공중으로 튀어오르면서 볼에 백스핀이 생긴다. 동시에 퍼터의 중앙보다 아랫부분으로 공을 맞추게 되어 정타를 못 친다. 로프트가 없는 퍼터를 사용하면 로프트가 증가할 때 나타나는 문제를 해결할 수 있으나 차라리 스트로크 방법을 고치는 것이 편하다.

위 사진을 보면 샤프트가 볼의 뒤쪽으로 기울어져 있으며 이는 손보다 클럽헤드가 먼저 공을 지나갔기 때문이다. 공이 그린 위 약 1.5cm 공중에 떠있기 때문에 그린에 떨어진 후 어느 방향으로 갈 것인지 예측하기 어렵다. 한 가지 확실한 것은 로프트를 증가시키면 부드러운 터치는 물론이고 공에 회전을 주는 퍼팅도 할 수 없기 때문에 퍼팅을 할 때마다 결과는 매번 달라진다.

퍼터가 아이언이 될 때

시중에 나온 일반 퍼터의 로프트는 4도이다. 손보다 퍼터가 앞서 나가면 로프트가 7~8도 추가로 증가하게 되어 퍼터라기보다는 아이언 클럽이라고 보면 된다. 퍼터의 어느 부분으로 공을 치는가에 따라 볼 컨트롤이 좌우된다. 왼쪽 사진에서 손은 공이 자주 맞는 리딩에지를 가리키고 있다. 공을 리딩에지로 얇게 치면 스피드 컨트롤이 어렵게 된다. 그 결과 퍼팅은 계속 짧아지고, 짧은 퍼팅을 길게 치려고 퍼터에 의도적으로 급한 가속을 붙이게 되는데 이 또한 좋지 못한 퍼팅이 될 뿐이다.

헤드를 출발시키는 법

손을 앞으로 약간 내미는 자세는 클럽을 뒤로 이동시키거나 스윙을 한 후 목표 쪽으로 손을 보내기가 쉽다. 어려운 동작이 아니다. 준비를 모두 끝냈으면(그립, 스탠스, 조준, 정렬) 손은 공 바로 위쪽에 있어야 한다(오른쪽). 그 다음 손을 목표 쪽으로 5cm 정도 기울인다(다음 쪽 큰 사진). 이와 같이 손을 앞으로 기울인 자세가 퍼팅 중 공을 맞추는 바로 그 자세다.

→ 손은 항상 앞으로 기울여야 하는가?

퍼터가 작은 진자 운동을 하더라도 퍼팅은 리듬을 타야 한다. 정지된 준비자세로부터 퍼팅을 시작할 때는 고정되어 있는 퍼터에게 흔들기 시작한다는 일종의 암시를 내려보내야 한다. 대부분 선수들은 스트로크를 시작한다고 머리에서 결정을 내리나, 나는 양손을 앞으로 내밀면서 스트로크를 시작한다. 손을 앞으로 내미는 동작은 개인의 취향에 따르나 이 동작을 하면 스윙이 끝날 때까지 퍼터 면을 목표 방향에 맞출 수 있다.

→ 언제나 손은 앞에, 헤드는 뒤에

골프 스트로크에서 손은 항상 퍼터헤드를 리드한다. 퍼팅이 경기에서 가장 중요한 것은 두말할 필요가 없다. 손이 헤드를 리드하지 못하고 헤드가 손보다 먼저 나가면 샤프트와 앞 손등 사이의 각이 증가하는 손목꺾임이 발생한다(오른쪽 옆). 클럽헤드가 손보다 먼저 앞으로 나갔기 때문에 로프트 각이 커지고 악성 퍼팅이 된다. 가속이 없으면 회전력도 약하게 되고 두 가지 모두 없으면 퍼팅은 실패하기 마련이다.

퍼팅도중 손을 주춤해서는 안 된다

왼쪽에 있는 두 가지 스트로크
는 보기에는 큰 차이가 없지만
퍼팅을 잘하려는 모든 골퍼에
겐 의미하는 바가 매우 크다.
첫째, 두 팔과 퍼터가 같은 속
도로 움직이고, 두 손이 목표
방향을 향해 퍼터를 리드하고,
공을 친 후에는 팔과 퍼터가
직선을 이루고 있다. 이렇게
하면 퍼터에 자연스럽게 가속
을 붙일 수 있으며 퍼터 면과
공이 수직으로 접촉하여 공의
스피드도 조절이 가능하다. 둘
째, 퍼팅이 끝난 후에도 내 손
목은 전혀 꺾이지 않았다. 손
과 팔은 하나가 되어 목표선을
따라 가속운동을 만들어낸다.
특별한 경우를 제외하고 두 손
으로 퍼터를 급하게 조작해서
는 안 된다. 급하게 퍼터를 흔
들면 로프트가 커지기 때문에
속도를 조절하기 어렵게 된다.

→ 1m 원의 세계

50m 이내에서 하는 대부분의 샷은 1m 원 안에 붙여야 한다. 나는 1m 원 안에 붙인 공은 퍼팅으로 97%를 성공시킨다. 1m보다 멀어지면 퍼팅 성공률은 기하급수적으로 낮아진다. 1.2m에선 성공률이 90%에 이르나 1.5m에선 겨우 75% 밖에 안 된다. 홀컵에서 2m 정도 떨어지면 성공률은 55%로 뚝 떨어진다. 전략적으로도 홀컵 1m 이내에 붙여야 하고 홀컵에 붙였다면 퍼팅을 실패하는 일은 거의 없어야 한다. 전설적인 퍼팅의 귀재 재키 버크Jackie Burke에게서 배운 기술은 짧은 퍼팅을 우승하는 퍼팅으로 만들라는 것이다. 짧은 퍼팅이 중요하기 때문에 나는 하루도 쉬지 않고 매일 연습하여 루틴이 몸에 깊숙이 배게 하였다.

정확한 스트로크를 하려면 리듬을 타라

1m 원 연습을(오른쪽 페이지) 할 때면 리듬감을 빨리 찾고 싶어 할 것이다. 공을 친 후 다음 공으로 천천히 이동하며 공이 홀컵에 떨어질 때마다 하나, 둘, 셋… 하면서 조용히 개수를 센다. 홀컵이 공으로 차면 볼을 꺼낸 후 다시 계속한다. 짧은 퍼팅을 한다는 생각으로 확실한 스트로크를 하고 각 퍼팅마다 적절한 시간 간격을 두어라. 25, 26, 27개를 성공시키고 목표한 개수에 가까워지면 부담도 점차 커질 것이다. 중압감을 느껴야 한다. 그래야만 본인이 하는 스트로크를 믿게 된다.

퍼팅 100개 연습방법

홀컵으로부터 반경 1m 되는 원에 일정간격으로 티를 10개 꽂는다. 그 다음 뒤쪽에 1.2m, 1.5m, 2m가 되도록 동심원을 그리고 티를 더 꽂아 모두 100개를 만든다. 공을 처음 1m 원에 놓고 몇 개를 성공시키는지 보자. 내 목표는 100개 모두 성공하는 것이다. 실력에 따라 거리를 조절할 수 있으며 실패하면 처음부터 퍼팅을 다시 한다.

→ **2005년 PGA 경기 :
연습 효과**

나는 2005년 PGA 시합에서 선두로 마지막 홀까지 왔다. 버디를 해야 승자가 될 수 있는 상황의 파 5에서 두 번째 샷을 그린의 좌측으로 짧게 보냈다. 그곳에서 피칭을 하여 홀컵에 1m로 붙였을 때 나는 두 손을 번쩍 들었다. 내가 우승한 것은 아니나, 1m 정도는 버디를 할 수 있다는 것을 알고 있었다. 나는 1m 원 연습을 수천 번이나 했기 때문이다.

공에서 멀리 떨어져 스트로크 연습을 하고 있을 때(A) 내 차례가 되었다. 나는 마음 속으로 내가 연습하는 것처럼 85, 86, 87 하며 세고 있었다. 지금도 이 방법을 자주 한다. 어드레스를 마쳤어도 (B) 중압감은 느끼질 못했다. 나는 내 자신에게 퍼팅 연습을 한다고 세뇌시키고 있었다.

내 생의 두 번째 메이저 대회에서 우승한 그때의 1m 퍼팅은 연속으로 성공한 88번째 퍼팅이었다.

→ 원을 더 크게 그리고 연습하자

홀컵에서 멀어질수록 생각지 못한 문제가 나타나기 시작한다. 1m 거리 퍼팅엔 브레이크도 없었고 고작 스피드가 문제였지만, 1m 원이 2m로 커지면 브레이크와 스피드를 동시에 살펴야 한다. 위 사진에서 나는 2m 퍼팅을 하는데 공의 위치에 따라 달라지는 스피드와 브레이크를 살피게 된다. 나는 이제 리듬을 타기보다는 목표선 읽기, 스피드 조정하기, 브레이크 해석하기에 더 많은 집중을 한다. 연습방법은 거의 같으나 스피드와 브레이크를 보다 더 자세히 분석한다. 이 연습으로 나는 그린에 대한 감을 정확하게 가질 수 있다.

그린을 단순하게 읽자

샌드웨지 두 개 거리는 대략 1.5m가 된다. 샌드웨지 두 개 거리의 원을 따라 퍼팅을 해보면 성공하는 개수가 적다는 것을 금방 알게 된다. 하지만 상관없다. 공의 위치에 따라 변하는 스피드와 브레이크를 잘 예상하고 몇 개를 성공시켰는지 개수를 세어 보라.

짧은 퍼팅은 1 : 3 법칙을 지켜라

2m 이내 퍼팅은 짧고 컨트롤이 되는 백스윙을 해야 한다. 백스윙을 크게 하면 일관성이 떨어진다. 즉 스윙도중 퍼터의 속도를 고의로 낮추거나 또는 공을 때리는 실수를 하게 된다. 나는 1 : 3 법칙을 권하고 싶다. 백스윙을 10cm 했으면(A) 폴로스루는 30cm를 만드는 것이다(B). 이 방법은 흔들림이 없고 클럽을 통제하는 스트로크를 만들어 낼 수 있으며 아울러 퍼터 면이 심하게 열리거나 닫히지 않아 가속을 붙이면서 공을 맞출 수도 있다. 그립을 가볍게 잡는 것을 잊지 말자.

→ 조준과 연습기구

퍼팅에서 **클럽 면을 정확하게 정렬시키는 것만큼 중요한 것은 없다.** 여러분이 좋은 스트로크를 했다 하더라도 클럽 면이 정확하게 조준되지 않았으면 목표선에서 좌우로 빗나가는 퍼팅을 하게 된다. 반면 스트로크는 잘 못했으나 클럽 면 조준을 잘 했다면 퍼팅에 성공할 여지는 아직도 있다. 클럽 면을 정확하게 조준한다는 것은 항상 어려운 일이다. 많은 골퍼들이 눈으로만 추측해서 조준을 하기 때문이다. 펠츠와 내가 개발한 퍼팅연습기는 이 문제를 한꺼번에 해결해준다. 나는 이 기구를 어거스타내셔널이나 마스터스대회를 준비하는 동안에도 매일 이용한다. 이 기구는 정확히 조준하고, 그린을 읽고, 스피드를 제어하고, 볼이 목표라인을 따라 출발하도록 도와준다.

연습 기구에는 공의 위치 표시를 한두 개의 짧은 위치선과 공이 가야할 방향을 나타내는 긴 조준선이 있다. 기구 끝에는 쇠구슬을 옮겨 놓을 수 있는 구멍이 3조 있다(A). 공에 가장 가까운 구멍은 간격이 넓어 클럽 면 조준을 연습할 때 이용한다. 쇠구슬 사이는 점점 좁게 만들어졌으며 사진은 쇠구슬 사이가 가장 좁은 것으로 보아 프로용으로 세팅해 놓은 것이다.

B

C

조준과 정렬

내가 원하는 그대로 퍼팅한 공
이 프로용으로 세팅한 구슬 사
이를 지나기 직전이다(B). 퍼
터에 표시된 중심선과 연습 기
구에 표시된 목표선이 일치하
지 않는다. 내가 사용한 퍼터
가 힐형이라 공을 친 후 퍼터
면이 회전하면서 닫히는 도중
이기 때문이다. 공을 치기 바
로 직전엔 클럽 면이 정확하게
수직이었으나, 공을 맞춘 후
회전하였다(C). 내가 퍼터를
가볍게 잡았기 때문에 임팩트
후에도 퍼터를 자연스럽게 풀
어주고 있다.

연습기 안내 웹사이트

www.pelzgolf.com

→ 퍼팅을 실제로 해 봅시다

우측 사진은 **퍼팅 연습기를 사용하면서** 퍼팅의 모든 요소가 어떻게 복합적으로 나타나는가를 보여주고 있다. 흰색 줄은 볼을 보내는 방향(목표선)이고 연습기구의 선도 흰색 줄 방향으로 맞추어져 있다. 나는 60cm 정도 브레이크가 있는 곳에서 퍼팅을 하고 있다. 흰 점은 홀을 향해 실제로 볼이 지나갈 길이다. 정렬, 조준, 스피드 그리고 브레이크(선경사)까지 모두를 고려해야 한다. 내가 공을 친 후 어떻게 굴러가서 홀컵에 들어가는가를 주의 깊게 보자. 그린을 읽고 속도와 선경사 크기를 결정하면서 공이 퍼터를 떠난 후 어떻게 휘어지기 시작하는지를 꼭 살펴보아야 한다. 공이 선경사의 영향으로 휘어지기 시작하는 지점, 즉 경사를 타기 시작하는 정점을 공이 어느 정도 굴러간 후 지나갈 것으로 기대하면 틀린 것이다. 그 정점은 공이 놓여 있던 자리 바로 그 앞에 있다. 따라서 임팩트가 끝난 바로 직후부터 공은 흰 점으로 표시된 브레이크를 따라 굴러간다는 사실을 알고 있어야 한다.

조준을 습관화 하라

클럽 면이 완벽하게 조준된 결과 내 공은 브레이크를 따라 정확하게 굴러가고 있다(A). 퍼터를 정확하게 조준하고 그때 본인의 준비자세를 자신의 눈에 기억시켜라. 그래야 코스에서도 정확한 자세가 자동적으로 만들어진다.

기본을 지켜라

내가 강조한 기본이 ─ 손을 클럽헤드보다 약간 앞에 놓고 임팩트 후에도 목표
선을 따라 밀어준다 ─ 잘 보인다(B). 손 혹은 퍼터가 홀컵을 직접 노리는 퍼팅
은 금물이다.

속도가 줄어들면 브레이크가 공을 가지고 논다

좌우 경사가 계속 있는 그린의 경우 공의 회전력이 다 소진되는 퍼팅의 끝자락
에선 공이 경사를 따라 크게 휘어진다(C). 목표선을 결정하거나 볼의 경로를 상
상할 때 이 점을 염두에 두어야 한다.

→ 그린을 잘못 읽는 대표적인 사례

내가 만난 모든 아마추어들은 5m 이상 거리를 퍼팅할 때 브레이크를 실제보다 항상 적게 본다. 연구 보고서에 따르면 싱글 골퍼나 많은 프로들도 브레이크를 실제보다 적게 판단하는 것으로 나타났다. 그러므로 (1) 볼을 정상보다 강하게 때리거나(강하게 치면 브레이크 영향을 덜 받는다), (2) 퍼터를 오조준 하거나, (3) 홀을 직접 보고 밀거나 당기는 퍼팅을 한다. 문제는 그린을 정확하게 읽는 능력이 사라질 뿐만 아니라 퍼터를 정확하게 조준하고 볼을 올바른 속도로 임팩트하는 감각을 놓친다는 것이다. 오른쪽 사진은 스트로크는 올바르게 했으나 목표선을 잘못 판단하여 퍼팅을 실패한 사례이다.

처음부터 잘못 됐다

흰색 목표선이 홀컵에서 약 20cm 비껴져 있다(A). 반면 홀컵에서 약 60cm 떨어진 티는 실제로 스트로크를 해야 할 정확한 목표선 방향이다. 나는 잘못된 목표선을 따라 스트로크를 했으며 공은 지나가야 할 흰색 점보다 실제로는 바깥쪽으로 휘어져 다른 방향을 향해 출발하고 있다.

스피드와 조준은 좋았으나 목표선 방향이 틀렸다

내가 클럽페이스를 정확하게 조준하고 공이 가야할 방향으로 잘 보냈음에도 불구하고 공은 이미 경사가 낮은 홀컵의 왼쪽으로 휘어졌다(B와 작은 사진). 원인은 내가 티를 목표로 하지 않고 흰색 줄을 목표선으로 잡아 브레이크를 적게 보았기 때문이다.

퍼팅 실패의 주된 원인

많은 아마추어들이 밀어치는 퍼팅을 했다고 후회하면서, 조준이나 스트로크를 잘못 했다고 생각하는 장면이다. 사실 조준은 정확히 잘했다(작은 사진). 성공하려면 홀컵의 오른쪽을 더 많이 보았어야 했다.

→ 우연히 성공한 퍼팅

아마추어에게는 **브레이크를 항상 적게 보는** 고질적인 버릇이 있다. 왜 브레이크를 항상 적게 판단하는지 이유도 생각하지 않을뿐더러 문제가 본인에게 있다고 시인하는 골퍼는 거의 없다. 그저 본인들은 잘하고 있다고 확신하면서 연습장처럼 홀컵에 넣는 연습만 한다. 사실 본인도 모르게 스윙이 밀리거나 당겨져서 퍼팅을 잘못 했음에도 불구하고 브레이크 영향으로 공이 홀컵에 들어가면 스스로 퍼팅을 잘했다고 생각한다. 이는 그린 판독이나 클럽 면 정렬 중 하나를 잘못한 사례이다. 이 경우는 퍼팅연습기도 소용이 없다. 왜냐하면 퍼팅연습기는 오로지 정확한 선만을 제시하여 퍼터의 조준과 스트로크를 동시에 똑바로 할 수 있도록 도와주는 기구에 불과하기 때문이다.

조준을 잘못 했어도 퍼팅은 성공한다

흰 줄을 따라 약 20cm의 브레이크를 보고 퍼팅을 하고 있다(A). 공이 흰 줄 밖으로 굴러가고 있는 것에 유의하자. 공은 홀컵이 아닌 티를 향해서 굴러가고 있다. 공이 홀컵에 들어가는 것을 보면 홀컵보다 티를 향해 퍼팅을 해야 한다는 결론이다.

흰 줄을 넘어 간다

그린 위에 표시된 점을 따라 공을 보내려면(B) 공이 흰 줄을 가로질러 지나가게 퍼팅을 해야 한다. 이 경우 대부분의 아마추어들은 출발부터 흰 줄을 따라 공을 보냈다고 생각하나 사실은 그렇지 않다.

나쁜 버릇 고치기

공이 홀컵으로 빨려 들어가는 것을 보면서(C) 퍼팅 방향을 정확하게 보았다고 혼자 좋아한다. 사실은 흰 줄을 따라 공을 보냈기 때문에 퍼팅 방향을 잘못 본 것이다. 이처럼 그린을 잘못 판독하는 문제를 해결하는 방법이 있다. 스트로크나 조준을 연습하는 만큼 그린을 읽는 방법도 열심히 연습하라.

→ 붙이는 퍼팅을 하라

10m 이상 되는 **긴 퍼팅을 할 때는** 두 번째 퍼팅을 성공시킬 수 있도록 공을 1m 원 안에 붙이는 것을 목표로 한다. 속도 조절을 잘못하면 오르막 투 퍼팅보다 내리막 스리 퍼팅을 하게 되므로 속도 조절은 매우 중요하다. 붙이는 퍼팅을 할 때는 짧은 퍼팅을 하는 것보다 좀 더 강하게 쳐야 한다. 이는 스트로크 크기를 변화시켜 조정할 수 있다. 퍼팅을 할 때 갑자기 힘을 꽉 주고 공을 때리듯 하는 퍼팅으로 거리를 늘려서는 안 된다.

내가 스트로크 크기를 조절하는 능력과 공을 매끄럽게 타격하는 능력을 향상시키는 방법을 개발했다. 나는 이 방법을 2006년 마스터스대회 2개월 전부터 이용했다. 소위 10-15-20 훈련이라고 하는데, 세 개의 공을 홀컵에서 10m, 15m, 20m 간격으로 놓는다. 그 다음 홀컵 주변에 1m 원을 그리고 퍼팅한 공을 이 원 안에 넣는 것이다.

A

1단계 : 출발은 15m부터

15m부터 시작하되 그립은 가능한 가볍게 잡고 길고 물 흐르듯 리듬을 타면서 첫 번째 퍼팅을 한다. 나머지 두 번의 퍼팅에선 거리와 스트로크 크기에 집중하면서 퍼팅을 한다.

C

3단계 : 20m 퍼팅

20m 퍼팅에서는 공 세 개 모두를 감각을 이용해 홀컵에 붙여야 하기 때문에 클럽에 가속을 붙이는 정도가 가장 중요하다. 백스윙은 길게 하되 힘은 10m 퍼팅에서 한 것과 같은 크기로 퍼팅을 해야 한다. 공을 1m 원까지 보낼 수 있도록 가속을 계속 붙여라.

B

2단계 : 10m로 이동한다

다음은 10m 퍼팅이다. 전보다 거리가 가까워져서 스트로크가 작아지기 때문에 클럽을 컨트롤 하는 감각을 느끼게 된다. 15m를 스트로크 할 때와 똑같은 가속으로 퍼팅을 한다. 다만 15m보다 백스윙이 작기 때문에 퍼팅을 다소 천천히 해야 한다.

→ 돈 되는 퍼팅

10, 15, 20m 모두를 합쳐 한 개의 퍼팅이라 생각하고 연습에 정성을 다하라. 세 지점에서 각각 세 개의 퍼팅을 끝내면 나는 25m로 이동하여 10번째 퍼팅을 한다. 나는 25m 퍼팅을 할 때면 마스터스나 US 오픈에서 우승하기 위해서는 두 번의 퍼트만 하면 된다고 했던 어린 시절을 떠올린다. 정신적으로도 연습과 같은 홀가분한 기분이 아니라 실제 시합을 하는 것과 같은 마음의 중압감을 받곤 한다. 재미로 연습하는 것이 아니라 공을 1m 원 안에 넣지 못하면 벌칙으로 처음부터 퍼팅을 다시 해야 한다. 이 방법은 나의 퍼팅 목적과 집중력을 높여주고 1m 원 안에 공을 넣기 위한 스트로크 크기를 결정하는 데 도움을 준다.

**기회는 한번.
성공이냐, 실패냐**

15m에서 돈 내기 퍼팅을 할 때(오른쪽), 퍼팅 전에 하는 루틴을 하나도 빼지 말고 모두 하라. 그 자리에선 퍼팅을 처음 한다고 생각하고 그린을 다시 읽어라. 그냥 흔드는 스트로크가 아니라 목적이 확실한 스트로크를 연습하면서 원 안에 공이 들어갈 수 있는 백스윙의 정확한 크기를 마음속에 그려라. 그리고 내가 마지막으로 꼭 해주고 싶은 말은 "스윙을 하는 동안 내내 그립을 아주 가볍게 잡아라"이다.

Phil's philosophy : **필의 철학** / 먼 거리 퍼팅을 연습할 때는 그린이 평평한 곳에서만 하지 말고 거리감이 몸에 배도록 오르막과 내리막 모두를 연습해야 한다.

긴 거리 스트로크 요령

방법은 두 가지가 있다. 스윙 크기로 조절하는 방법과 공을 치는 세기로 조절하는 방법이다. 둘 중 하나만 항상 일정하게 잘하면 된다. 스윙의 크기는 퍼팅할 거리, 그린의 빠르기, 그리고 오르막과 내리막에 따라 변한다. 그러나 가속을 붙이는 정도는 항상 일정해야 한다. 위 사진에서 나는 퍼터가 공을 매끄럽게 지나가도록 가속을 붙이고 있다(왼쪽). 퍼터의 스윙 속도는 점차 빨라진다. 퍼터는 공을 거침없이 지나가면서 폴로스루도 충분히 만들어주어야 한다(오른쪽).

→ 실전 레슨

>

내가 어떤 퍼팅을 할 것인가를 결정하고 있다. 볼이 그린 밖 50~60cm 떨어진 페어웨이에 떨어져 있다. 나는 스피드만 생각하고 있다. 물론 그린 위에 있을 때보다 더 강하게 볼을 쳐내야 한다. 얼마나 세게 쳐야 하는가는 잔디의 습도와 길이에 따라 좌우된다. 동시에 잔디가 누워있는 방향도 살펴야 한다.

<

내가 캐디와 상의하면서 그린을 읽고 있다. 본 매키Jim (Bones) Mackay는 아주 긴 시간 동안 나의 캐디 생활을 했기 때문에 퍼팅에 관해선 항상 의견이 같다. 본은 내가 얼마만큼 강하게 공을 치는가를 알고 있기 때문에 나의 퍼팅 습관까지 고려하여 계산한 퍼팅 정보와 거리를 알려준다.

>

폴로스루 크기와 퍼터 높이 들려져 있는 정도를 보면 긴 퍼팅을 하고 있다는 것을 알 수 있다. 이처럼 긴 거리 퍼팅을 할 때는 퍼터에 계속 가속이 붙도록 집중해야 한다. 퍼터가 공을 임팩트하는 속도는 백스윙의 크기에 좌우된다.

2009년 노던트러스트 오픈 Northern Trust Open에서 우승하기 위해선 한번의 퍼팅으로 파를 해야 하는데 내가 2m 거리를 성공하고 있다. 얼마나 기분 좋은 일인가! 내가 계속해서 독자에게 전달해주고 싶었던 것은 중압감 속에서 하는 퍼팅에 관한 내용이었다. 사실 중압감이 크면 클수록 퍼팅은 잘된다. 골프에서 가장 쾌감을 느낄 때는 공이 홀컵으로 떨어진다는 것을 확신하면서 중요한 퍼팅을 시작할 때다. 여러분도 내가 지금까지 설명한 기술을 연마한다면 나와 같은 기분을 자주 느낄 수 있을 것이다.

이상적인 칩핑은 볼이 너무 높게 뜨지 않고
구르는 거리도 길지 않게 하되 과감하게 스윙하는 것이다.
볼과 클럽페이스의 위치 그리고 스윙 크기를 조정하면,
이 책에 소개되는 모든 칩샷을 할 수 있다.

49

→ **제 2 장** *Chipping*

칩핑

2009년 도럴Doral에서 개최된 CA 챔피언십에서 우승한 것은 다음 두 가지 이유에서 상당히 고무적인 것이었다. 5년 전 같은 토너먼트에서 3라운드 선두를 지키던 나는 71번째 홀에서 선두 자리를 내놓았다. 연장전에 가기 위해선 18번 홀 관중석 근처에서 그린 뒤쪽 좌측에 있는 핀을 내리막 칩핑으로 공략해야만 했다. 결과는 홀컵을 맞고 지나갔다. 툭 치면 들어갈 수 있는 근거리 퍼팅으로 우승한 것은 행복한 일이다. 그러나 더 중요한 것은 나의 쇼트게임이 향상되지는 않았지만 항상 일정하게 좋다는 확신을 갖게 되었다. ❯

나는 첫 번째 라운드 파 3 4번 홀에서 어프로치한 공이 그린 우측 둔덕을 맞고 물에 빠질 때 최악의 더블보기를 할 상황이었다. 홀은 오르막이었고 그린은 내리막이었다. 이 상황에서 나는 볼을 짧은 거리로 높게 띄워서 공이 떨어지는 즉시 정지하도록 부드럽게 안착시켜 짧은 파 거리를 남겨야만 했다. 연속해서 더블보기를 하게 될 판이었다. 나는 볼을 살짝 걷어냈다. 볼은 그린에 떨어진 후 천천히 굴러가서 극적인 파를 하게 되었다. 다음 홀에서 버디를 잡았고 그 결과 첫 라운드를 파로 끝냈다. 그 뒤로 나는 열한 개의 홀에서 다섯 개의 버디를 잡았다.

내가 17번 홀에 왔을 때는 상위권이었다. 그러나 풀이 억세지 않은 곳에서 어프로치 샷을 한 것이 그린의 왼쪽에 떨어졌다. 나는 홀로부터 약 8m 내리막에 정교한 칩샷을 남겨두고 있었다. 나는 3m는 띄우고 나머지는 굴러가게 하는 샷을 해야 했다. 공은 깊은 풀에서 튀어올라 스핀을 충분히 먹고 그린의 칼라에 떨어져서 홀 옆을 타고 들어가 버디가 되었다. 쉽게 파를 할 것 같았는데 실제로는 버디를 했다. 어려운 18번 홀에서 드라이버를 잘 친 후 어프로치가 그린에 미치지 못해 홀로부터 10m를 남겨두고 있었다. 이번에는 지난 두 번의 샷과 상황이 많이 달랐다. 직선 오르막이었고 잔디는 순결이었다. 이제는 공을 천천히 굴려야 하는 문제가 아니라 공을 적당히 굴려서 오르막을 올라가게 해야 하는 것이다. 실제로 그렇게 함으로써 그날 세 번째 칩 인 버디는 전체 라운드를 통해서 공동 선두가 되게 해주었다.

• • •

모든 샷이 다르게 보여도 – 오르막 칩핑에 내리막 그린, 짧은 내리막, 순결에 오르막 – 코킹을 이용하여 샷을 하는 방법은 같다. 각각의 샷을 하는데 약간의 변화가 필요하긴 하지만 – 웨지의 선택, 공의 위치, 클럽 면의 위치 – 공을 치는 과정에서 공격적인 스윙을 해야 하는 것은 모든 샷에 똑같이 적용된다. 처음 샷에서는 공을 스탠스 앞쪽에 놓고 공을 바로 세우기 위해 클럽페이스를 열었다. 두 번째 샷에서는 공을 거의 가운데 놓았는데 클럽의 로프트를 이용하여 1~2m를 띄우기만 하면 되었기 때문이다.

세 번째 샷에서는 공을 약간 스탠스 뒤쪽에 놓았는데 이는 로프트를 낮게 만들어 공을 낮게 띄워 홀까지 굴러가는 거리를 길게 만들기 위해서였다.

• • •

그 해 초에 도럴보다 그린이 작은 리베라 Rivera 에서 여러 번 앉았다, 일어났다 했는데 거기서도 역시 여유 있게 우승할 수가 있었다. 이 책을 저술하는 것으로 보아 나는 지난 비시즌 기간 동안 여러 면에서 나의 쇼트게임 능력이 엄청나게 향상된 것이 분명하다. 나는 어릴 때부터 뒷마당 그린 주변에서 득점하는 샷을 했는데 그것이 지금은 몸에 배었다. 이제 기술적인 면은 독자들에게 논리적으로 설명해주고 정신적인 훈련은 나로 하여금 게임에 몰두하게 만든다. 손목을 코킹하고 공의 위치와 목표선을 보고 스피드를 결정하는 것들은 단순히 기억에 의해서 하는 것이 아니라 내 의식 속에 항상 생동감 있게 살아 움직이고 있는 것들이다.

긴 거리 칩샷은 더 공격적인 스윙을 하고 폴로스루도 더 길게 해야 한다.

→ 웨지는 하나로 충분하다

나는 어릴 때 뒤뜰에서 칩핑을 수없이 많이 했다. 모든 종류의 샷을 했고 공을 낮게 보내는 연습을 할 때면 창고에서 9번 클럽을 꺼내 전과 똑같은 샷을 했다. 반면 샌드웨지로 공을 낮게 치는 방법도 알고 있다. 오늘도 60도 웨지만 사용한다(아래 사진에서 우측 웨지). 모든 칩과 피치샷에서 공의 위치를 변화시켜 볼의 궤도를 조정하는 것, 클럽페이스를 열고 닫는 것은 실제로 어드레스 때 준비하는 것이다. 내가 활용하는 방법은 일류 선수들이 하는 방법과 다르며 골프지도자들이 상황에 맞는 웨지를 선택하여 이용하라고 하는 교육 내용과도 다르다. 60도 웨지가 내 손에 잘 맞으며 내가 어떻게 어드레스를 하고 있는지, 내가 공을 치면 공은 어떻게 반응하는지 이 모든 것을 느낌으로 알 수가 있다. 그래서 나는 60도 웨지만 사용한다.

웨지 : 여러분이 선택한다

아래 두 웨지는 로프트가 모두 60도이나 이 둘은 큰 차이가 있다. 웨지 면을 회전하면서 열어주면 왼쪽 클럽의 바닥부분sole이 클럽의 리딩에지를 많이 높여준다. 따라서 바운스가 커지기 때문에 벙커샷에 유리하다. 칩 또는 피치샷을 하려면 오른쪽 웨지를 선택한다. 클럽페이스를 오픈시켜도 리딩에지의 높이가 그대로 있어 샷을 하는데 적당하기 때문이다.

웨지의 기능을 알아두자

개인의 플레이 특성에 따라 웨지 선택도 달리 해야 이상적이다. 내 판단으로는 볼의 뒷부분을 치려면 솔이 넓은 클럽이 좋다(위, 손가락으로 잡은 클럽). 클럽페이스를 직각으로 놓았을 때 리딩에지가 그린에서 살짝 뜨는 웨지를 선택할 수도 있다(왼쪽).

셋업을
단순화 하라

내 셋업은 완전히 몸에 배어 있다. 오랜
기간 경기를 하면서 셋업을 할 때는 다
른 생각을 한 적이 없다. 기능적인 면을
생각하지 않고 반사적으로 어드레스를
취할 수 있도록 연습해야 한다. 셋업은
기교보다는 느끼는 감으로 만들어야 한
다. 그립의 기교적인 면(스트롱 그립, 위크
그립, 또는 엄지와 검지가 만드는 V가 어디를
향하는지 등등)은 물론이고 그립을 가볍게
잡고 있는가도 신경을 쓰지 않는다. 스
탠스나 자세도 점검하지 않는다. 나는
단지 교과서처럼 자세를 완벽하게 취하
는 것보다 내 몸이 편안함을 느끼는가를
점검한다. 그 이유는 칩핑은 작은 동작
이기에 큰 동작을 하기 위한 자세는 필
요치 않기 때문이다.

칩핑의 정석 : 특별한 것 없다

칩샷은 주로 감각에 의존한다. 터치감을 높이려면 그립
을 가볍게 잡고 스탠스는 좁혀라. 어깨, 등, 양팔, 양손
모두에 긴장을 풀고 양다리도 긴장감이 없어야 한다.
칩핑할 때 몸을 부드럽게 할수록 리듬, 템포, 그리고 감
각은 좋아진다.

성공을 위한 준비

셋업 자세에서 몸이 굳어 있으
면 절대로 안 된다. 팔을 자연
스럽게 뻗어야지 팔이 공을 쫓
아가면 안 된다. 허리는 백스
윙할 때 두 팔이 빠져나갈 수
있을 정도의 공간이 만들어지
도록 굽히면 된다(왼쪽). 클럽
은 퍼팅을 할 때보다 약간 더
힘있게 잡는다. 백스윙할 때
손목이 쉽게 꺾이도록 손목에
힘을 뺀다(작은 사진). 이런 감
각을 느끼는 셋업을 하면 잡생
각 없이 어드레스를 항상 일정
하게 할 수 있다.

→ 기본동작

50m 이내의 짧은 샷을 하는 방법은 모두 같다. 그 방법은 손목코킹이며 칩샷, 피치샷, 벙커 샷, 플롭샷 그리고 로브샷 등에 사용한다. 손목코킹은 내 쇼트게임의 핵심 동작으로 자주 사용한다. 손목코킹은 잘하기 위한 특별한 방법이 필요 없기 때문에 매력이 있다. 간단하고 따라 하기 쉬워서 바로 배울 수 있다.

손목코킹 원리는 다음과 같다. 백스윙을 시작하면서 손목을 꺾는다. 백스윙의 크기는 팔로 조절한다. 다운스윙을 하면서 손목의 코킹은 그대로 유지하고 두 팔을 이용하여 가속을 하면서 볼을 지나간다. 많은 사람들이 말하는 바와 같이 손목을 풀어주는 릴리스 동작은 없다. 클럽을 일부러 공을 향해 던질 필요도 없다. 다운스윙 내내 클럽을 손 뒤에 놓고 끌고 나간다. 클럽페이스는 임팩트 후에도 계속 직각인 상태를 유지해서 공이 정확한 방향을 따라 나갔다 는 것을 확신할 수 있어야 한다.

손목코킹은 테이크어웨이와 동시에 한다

백스윙을 시작함과 동시에 손목을 코킹한다. 짧은 칩샷을 할 때 손은 공 주변에서 멀리 떨어져서는 안 되며(위) 그림은 계속 가볍게 잡고 팔 동작을 작게 해야 코킹이 부드럽고 리듬을 타게 된다. 클럽을 잡아채듯 뒤로 빨리 빼면 안 된다.

스윙 크기는 같아도, 샷 크기는 다르다

긴 거리 칩샷을 할 때는 공을 높이 띄워야 하며 동시에 스피드가 필요해도 백스윙을 어느 정도 이상 크게 해서는 안 된다. 손목의 코킹 크기로 클럽 헤드 스피드를 제어하라. 왼쪽 사진에 두 종류의 샷이 있다. 위쪽 사진은 탄도가 낮은 긴 거리 샷이다. 아래 사진은 위보다 10m가 더 길고 더 높이 띄우는 샷으로 클럽 스피드도 더 빠른 경우이다. 짧은 샷을 할 때와 긴 거리 샷을 할 때 스윙 크기에 큰 차이가 없다는 것을 잘 보자. 두 샷의 손목코킹에는 큰 차이가 있다.

→ 임팩트 내내 코킹을 풀지 마라

쇼트게임의 근본적인 문제는 다운스윙 때 손목을 펴면서 클럽헤드를 릴리스 할 때 때리는 동작을 하는 것이다. 공을 공중으로 띄워야만 된다는 생각과 클럽을 공에 급하게 가져가려는 욕심 때문에 이런 문제가 발생한다. 사실 다운스윙을 올바로 할 수 있는 방법은 하나다. 손목코킹을 처음 그대로 유지하는 것이다. 손목코킹을 유지하면서 팔을 앞으로 가속시키면 스윙 전체가 잘 된다. 어드레스 시 만든 클럽의 로프트가 임팩트를 할 때도 그대로 유지된다. 공을 향해 가속을 붙이면 자연히 거리도 늘어난다. 공을 얇거나 두텁게 맞추기보다는 깨끗하게 맞출 수 있어야 한다. 리듬과 템포가 좋아지기 때문에 감각이 좋아진다. 끝으로 공을 맞추는 그립의 각이 너무 가파르거나 낮지 않고 적당해야 한다. 이 기술을 신뢰하는 마음으로 연습하여 모든 짧은 샷에 이용하라. 이것이 쇼트게임을 하는 방법이다.

손과 팔은 앞에서, 클럽은 뒤에서 따라 간다

임팩트가 될 때까지 손목코킹을 유지하면 클럽의 로프트가 낮아져 혹시 공을 높이 띄우는 데 실패하지 않을까 하는 걱정을 할 필요가 없다. 사실 코킹을 유지하면 볼이 얇게 맞는 일이 없기 때문에 클럽을 릴리스 했을 때보다 공을 더 높이 띄울 수 있다. 두 손을 앞에 두고 클럽을 끌고 나가라(아래), 그리고 웨지의 로프트가 당신이 원하는 만큼 공을 띄워준다는 진리를 굳게 믿어라.

클럽이 손을 앞서는 것은 금물이다

폴로스루를 하면서도 장갑 낀 손목이 앞쪽으로 꺾이지 않고 있다. 장갑의 상표가 땅바닥이 아닌 목표를 향하고 있다. 손목의 코킹이 그대로 유지되고 있다는 증거이며 클럽헤드가 내 손보다 앞서 나가지 못하게 제어하고 있다는 표시이다. 샤프트와 장갑 낀 손이 직선을 이루고 있는 것과 두 손이 스윙 경로를 주도하는 것을 주의 깊게 살펴보자.

→ 실책 1 : 핸드패스

나는 스윙에서 하지 말아야 할 것보다 꼭 해야 할 것을 더 강조하는 편이다. 반면 어떤 실수는 너무 자주해서 스윙에 나쁜 영향을 미치기 때문에 문제의식을 가지고 살펴보아야 한다. 여러분이 밥 먹듯이 실책을 범하고 있으면 즉시 교정을 해야 한다. 기본적인 오류를 교정하지 않는 한 아무리 좋은 칩핑 원리를 적용시켜도 무용지물이 된다.

　가장 많이 하는 실책은 클럽헤드가 손을 지나쳐 앞에 있게 되는 동작(핸드패스)이다. 핸디캡이 80대 후반의 골퍼라면 보나마나 핸드패스를 하고 있다. 쇼트게임 할 때는 말할 것도 없다. 손목의 코킹을 풀어 핸드패스가 발생하면 풀스윙 전체를 무너뜨린다. 이러한 에러가 몸에 배어 있다면 여러분이 한 소위 굿샷은 실력이 아니라 우연히 공을 잘 맞춘 것이다.

손목코킹이 없으면 샷을 망친다

오른쪽 사진과 같이 코킹 없이 손목을 고정시키고 팔로만 백스윙을 하면 낮은 각으로 공을 맞추게 되어 리딩에지로 치기, 깎아치기, 머리치기 등을 자주 하게 된다. 동시에 뒤땅을 치기도 한다. 클럽헤드가 땅에 맞은 후 공을 치게 되므로 공의 머리 부분을 치기도 한다. 소위 시계 바늘처럼 손을 움직이는 이 방법은 정타는 커녕 거리도 맞추지 못한다.

→ 실책 2 : 잘못된 시계연상법

나는 백스윙과 폴로스루의 크기를 같게 하라는 코치의 말을 들은 적이 없다. 대개들 시계를 연상하여 4시까지 백스윙을 하고 폴로스루는 8시까지 하라고 한다. 이 같은 연습 방식은 몇 가지 문제점이 있다. 첫째, 손목의 코킹 없이 두 팔로만 백스윙을 하게 된다. 둘째, 회전 위주의 스윙을 하게 되면 클럽이 공을 향하여 내리치기보다는 지면에 평행하게 이동하여 임팩트가 밀어치는 듯 낮은 각도로 이루어진다. 셋째, 시계연상법은 팔과 손이 하나가 되어 앞과 뒤로 스윙할 때 두 팔과 양손을 긴장하게 만든다. 시계연상법 스윙은 잘 훈련된 것 같이 보이나 유연성은 떨어진다. 특히 스피드를 내기 위해 손목코킹이 필요한 긴 거리 칩핑을 할 때 고질적인 문제가 발생한다. 시계연상법은 효과가 없기 때문에 교습서에서 삭제되어야 한다.

→

얇게 맞았으니 결과도 나쁘다

시계연상법으로는 견실하게 공을 칠 수가 없다. 공이 얇게 맞기 때문에 공을 칠 때 느낌이나 소리도 둔탁하다. 공의 구질도 불량하여 샷을 할 때마다 스핀 크기도 매번 다르게 된다. 자연히 폴로스루는 평상시 하는 것보다 상당히 길어질 수밖에 없다(작은 사진). 따라서 클럽을 너무 힘주어 잡게 되고 손과 팔의 감각도 느끼지 못하게 된다.

N

→ 클럽을 항상 가속시켜라!

코킹을 효과적으로 익히려면 다운스윙 내내 팔과 손을 가속 운동 시켜야 한다. 임팩트가 이루어진 직후에는 가장 빠르게 운동을 하고 있어야 한다. 일류선수들의 칩핑을 느린 동작으로 살펴보면 그들의 두 팔과 양손은 백스윙할 때보다 폴로스루 할 때 더 많은 거리를 움직이는 것을 볼 수 있다.

두 팔과 양손의 폴로스루에 의해서 클럽의 가속과 운동 모멘트가 만들어지며, 이렇게 만들어진 가속과 모멘트는 모든 칩샷에 반드시 필요하다. 클럽헤드를 뒤에 두고 두 손을 공을 향해 과감하게 스윙하면 클럽헤드가 적절한 각으로 파고 들어가 공을 뜨게 만든다. 클럽페이스는 직각을 이루면서 임팩트를 만들어 공이 정확한 선을 따라 비행하는 것을 보장한다. 그리고 어드레스 때 만든 로프트 각이 임팩트 때에도 똑같아 샷을 하기 전에 예상한 것과 같은 공의 비구선을 만들 수 있다.

클럽헤드가 아니라 손을 가속화 시켜라

손과 팔을 이용하여 가속을 만드는 동작은 중요하다. 동시에 손목코킹을 풀어서 클럽헤드를 가속시키지 않도록 하는 것도 매우 중요하다. 클럽이 당신의 팔과 손의 연장이라고 생각하고 팔, 손, 클럽을 하나의 몸처럼 스윙하라. 손과 팔이 가는 곳이면 클럽도 따라가야 한다. 클럽이 팔보다 빨리 움직이면 절대 안 된다고 머릿속에 각인시켜라. 스피드와 거리 조절은 폴로스루에 손과 팔을 얼마나 빨리 가속시켰는가에 좌우된다(오른쪽).

손을 목표를 향해 밀어라

공이 목표를 향해 날아가는 모양을 상상하면 가속을 만드는 데 도움이 될 뿐만 아니라 공부터 목표까지 이어지는 비구선을 가시화시켜 준다. 앞 스윙을 할 때 여러분의 손은 비구선을 따라 위를 향해 이동하는데 이때 공이 깃대를 향해 똑바로 날아갈 때까지 멈추지 마라. 이러한 동작은 샷의 정확도를 높여준다. 여러분의 손이 목표선을 따라 위를 향할 때 클럽헤드도 목표선을 따라 이동한다.

→ 칩샷 제안 1

소위 샷 만들기는 풀스윙에 적용되는 용어이나 쇼트게임에도 사용한다. 내가 그린 주변에서 샷을 구상하는 것을 팬들이 성원할 때면 항상 기분이 좋다. 같은 위치라 해도 전혀 다른 샷을 시도하려 하기 때문이다.

쇼트게임에서 샷 만들기를 한 가장 좋은 사례는 라이가 좋은 곳에서 내가 짧은 칩샷을 하는 방식이다. 이제 9번 아이언으로 샷 만들기를 한다(사실 나도 자주 사용하지는 않는다). 나는 거의 모든 경우에 60도 웨지를 선택한다. 가능하면 방해를 받지 않고 그린에 떨어짐과 동시에 공을 굴려야 할 때 9번을 선택한다. 오르막 칩핑을 해야 하고 그것도 그린의 경사가 앞쪽으로 심할 때는 9번이 아주 효과적이다.

볼을 스탠스 앞에 놓는다

9번 아이언을 이용하면(오른쪽) 공을 낮게 보내기 위해 다른 기술을 쓸 필요가 없다. 클럽페이스가 42도의 로프트를 가지고 있어(60도보다 한참 낮다) 볼을 스탠스 뒤에 두거나 낮은 탄도를 얻기 위해 샤프트를 앞으로 기울일 필요가 없다. 동시에 웨지를 사용할 때와 같이 강하게 공을 칠 필요도 없다.

로프트가 작으면 동작도 작게 한다

나는 지금 9번 클럽으로 백스윙을 작게 하고 손목코킹도 과도하게 하지 않기 때문에 팔의 움직임이 거의 없다(작은 사진). 퍼팅할 때와 같이 클럽을 지면에서 높이 들지 않기 때문에 볼을 치는 각도가 매우 저각이다. 다운스윙은 힘을 뺀 상태에서 간단하고 정교하게 이루어지고 있다. 내가 하는 동작은 손을 목표 방향으로 이동시키는 것이 전부이며 임팩트 후에도 클럽을 지면 가까이 끌고 가는 것뿐이다(왼쪽). 로프트가 작고 클럽의 속도가 느려 역회전이 적게 만들어진다. 따라서 공은 그린에 떨어지는 즉시 굴러가기 시작한다.

→ 칩샷 제안 2

9번 클럽을 사용했던 것과 똑같은 위치에서 이번에는 60도 웨지를 사용하고 있다. 60도 웨지는 스핀과 공의 탄도를 마음대로 만들어 낼 수 있기에 나는 60도 웨지를 선호한다. 특히 그린이 경사져 있어 내리막 칩핑을 할 때 매우 유용한데, 공이 그린에 가볍게 안착해서 곧바로 정지하기 때문이다. 셋업은 공을 스탠스 뒤쪽 발 뿌리 앞에 놓는 것 하나만 9번과 다르다. 공을 뒤쪽에 놓으면 웨지의 로프트 각이 줄어 9번보다 약간 큰 정도가 되나 스핀량은 많다. 손을 보면 9번을 사용할 때보다 앞으로 더 많이 나가 있는 것 같지만 실제 손의 위치는 9번과 같다. 이는 샤프트를 목표 방향으로 많이 기울였다는 생각을 해서 착각하고 있는 것이다.

스윙폼은 셋업에서 결정된다

공을 스탠스 뒤쪽으로 옮겨 놓고(오른쪽) 백스윙을 하면서 클럽을 급하게 들면 다운스윙을 할 때 공을 날카로운 각도로 칠 수 있게 된다. 공의 위치와 클럽을 바꾸면 스윙 방식을 의도적으로 바꾸지 않아도 클럽의 역할과 공의 구질이 달라진다. 이렇게 공의 위치와 클럽을 바꾸는 것이 상황에 적합한 샷을 만들어 내는 방법이다.

공을 빨리 정지시키려면

공이 적절한 위치에 있어 가파른 각으로 어프로치 샷이 가능하고 공도 깨끗하게 맞출 수 있다. 공의 라이가 좋아 공을 먼저 맞힌 후 클럽헤드가 계속 아래를 향하여 이동하고 있다. 디봇도 작게 잘 만들고 있다(왼쪽). 가파르게 클럽을 끌고 가기 때문에 내가 스윙 스피드를 느리게 해도 클럽 면의 홈이 역회전을 잘 만들어 낸다. 따라서 공은 낮게 떠서 그린에 떨어진 후 두세 번 튀면서 운동속도가 뚝 떨어진다. 그 후 홀을 향하여 회전 운동을 하게 된다. 손은 임팩트가 끝났어도 앞쪽으로 이동하고 있다(작은 사진). 날카롭게 공을 쳤으나 공을 때리지 않고 스윙을 하면서 맞추고 있다.

→ 탄도를 연습하자

훌륭한 쇼트게임을 하려면 당연히 연습을 해야 한다. 물론 올바른 연습이다. 여러분이 그린 주변에서 얼마나 오랫동안 연습을 했는가가 아니라 어떻게 연습을 했는가가 더 중요하다. 많은 아마추어들은 장기간 그리고 충실하게 연습하면 그에 보상되는 성과가 있을 것이라고 기대한다. 그러나 결과는 다르다. 잘못된 방법으로 연습하거나 다양한 방법을 구사하지 않으면 여러분의 기량은 항상 과거의 수준에서 벗어나지 못한다. 훌륭한 연습은 공의 궤적에 다양한 변화를 주는 것이다. 만약에 여러분이 공의 위치를 바꿔가면서 클럽페이스의 위치도 바꾸고 동시에 클럽도 바꿔가면서 공을 높이 띄우는 의도적인 샷을 연습한다면 샷 기술이 몸에 배어 완전히 내 것이 된다. 똑같은 샷을 계속해서 연습하지 말라. 머릿속에 샷을 그린 후 공을 그대로 쳐라. 그러면 연습하는 재미도 있을 것이고 연습에 빠져들게 된다. 실제 코스에 나갔을 때 여러분은 다양한 샷을 본인에게 주문하는 티칭프로가 될 것이다.

공을 높이 띄울 때

공을 높이 띄워야 할 때는 (1) 플레이 할 그린이 좁을 때, (2) 그린이 단단하고 빨라 볼을 빨리 정지시켜야 할 때, (3) 포대그린을 공략할 때이다. 공을 높게 띄우려면 공이 놓여있는 장소도 좋아야 한다. 긴 풀이 있는 곳이나 맨 땅에서도 공을 띄울 수 있을 때까지 연습해야 한다. 뒤에 이 기술을 설명하겠다. 그러나 공을 빨리 정지시키고 싶으면 공을 깨끗하게 쳐내야 한다.

공을 낮게 띄울 때

공을 낮게 칩핑하는 것은(아래) 안전하고 쉬워 큰 실책을 범하지 않는다. 공을 낮게 띄우는 경우는 (1) 플레이 할 그린이 아주 넓을 때, (2) 공이 파묻혀 있거나 라이가 나쁠 때, (3) 큰 그린을 두 개의 그린으로 나누어 사용하면서 그중 뒤쪽에 위치한 그린을 공략할 때이다. 높은 샷과 낮은 샷을 연습할 때 중간 샷도 가끔 연습하라.

→ 공을 띄우는 기술의 모든 것

여러분은 이제 공을 높이 띄우려면 클럽페이스를 열어야 한다는 것을 알고 있다. 그러나 클럽페이스만 열고 셋업에 변화를 주지 않으면 높이, 방향 그리고 완벽한 타격 등이 일정하지 않고 공을 칠 때마다 결과가 다르게 나온다. 여러분은 좋은 결과를 만들기 위해 평소 하지 않던 이상한 스윙을 하기도 한다. 사실 클럽페이스를 열면 그립, 스탠스, 몸의 위치 등을 다시 교정해야 한다. 공을 아주 높게 띄우는 데 성공하고 나면 플레이어로 하여금 본인 자신이 훌륭한 손 동작과 기막힌 타이밍 감각을 지녔다는 우월감을 느끼게 해준다. 원하는 만큼 높은 샷을 한다는 것이 어렵게 생각되겠지만 꼭 그렇지만은 않다. 아주 높은 칩 샷이나 플롭샷을 하던 간에 스윙을 시작하기 전 간단한 절차를 따라하느냐의 문제이다. 막상 공을 치는 과정은 어려운 것이 없다.

1단계 : 셋업은 직각으로

클럽페이스, 스탠스, 어깨 등 모든 것을 목표에 직각으로 정렬한다(A). 아무 생각 없이 정렬을 해도 셋업이 목표에 직각이 되도록 연습해야 한다. 그래서 목표 방향과 평행한 스탠스 선을 따라 클럽을 놓으면 된다. 동료에게 리딩에지가 올바르게 조준됐는지 한번 더 확인을 부탁하라.

2단계 : 필요한 만큼 클럽을 열고

두 발을 목표선과 직각으로 만든 후 클럽을 열어라(B). 비거리와 공을 띄우는 높이
에 따라서 클럽을 여는 정도를 달리 한다. 클럽을 열고 내려다보며 클럽의 리딩에지
가 2시 방향을 가리키도록 한다(왼손을 사용하는 경우 10시).

3단계 : 클럽페이스가 직각이 되도록 스탠스를 열어라

그 다음에는 목표를 향해서 클럽페이스가 직각이 되도록 스탠스를 열어라. 발만 열어서는 안 된다. 발을 엶과 동시에 어깨도 열어서 목표를 비껴 보아야 한다. 이러한 동작을 하더라도 여러분 손의 위치는 원래 그대로 변함이 없어야 한다. 주의할 것은 몸은 열더라도 어드레스 하는 손은 평상시 하는 그립과 같아야 한다(C).

→ 클럽을 열 때 몸도 열어라

목표를 향해 클럽을 열고 난 후에 대부분의 아마추어들은 셋업을 했던 자세 그대로 스윙한다. 하지만 이는 좋은 습관이 아니다. 클럽페이스를 열면 자연히 타깃의 우측을 조준하게 되므로 공을 높게 그리고 일직선으로 보내기 위해선 밖에서 안쪽을 향해 들어오는 부자연스러운 스윙을 만들어내야 한다. 이렇게 아웃 인 스윙으로 공을 비껴 치게 되면 클럽헤드가 급한 각도

4단계 : 그립을 다시 잡는다

다운스윙을 하기 전 마지막으로 확인해야 할 것이 그립이다(D). 1~3단계를 거치면서 클럽 면을 조정하기 위해 두 손을 돌려서 그립을 잡는 실수를 한다. 두 손을 돌려 잡는 것은 그립을 의도적으로 열어주는 것과 같다. 그 이유는 다운스윙을 하면 두 손이 어드레스 때 만든 자세와 같은 위치로 되돌아 내려오기 때문이다. 앞의 각 단계에서 제시한 모든 과정이 몸에 익숙해질 때까지 그립을 다시 잡아라. 그립을 다시 잡게 되면 셋업이 끝났을 때 클럽페이스는 스탠스와 어깨에 대해 열리게 되나 목표에 대해선 수직이 된다.

로 공을 향해 내려오기 때문에 정확한 임팩트를 만들기 어렵다. 동시에 호젤이 클럽을 리드하기 때문에 지독한 생크가 나온다. 결과적으로 어드레스 때 취했던 클럽페이스의 열린 각을 임팩트까지 그대로 유지하기 어렵게 된다. 따라서 클럽페이스만 열었을 때 충분한 로프트를 만들고 아웃 인 스윙을 피하려면 셋업 자세를 반드시 수정해야 한다.

→ 4단계 총 연습

연습을 통해 각 단계를 부드럽게 연결하고 물 흐르듯 수행해야 한다. 스윙에 리듬이 있는 것과 같이 샷도 적당한 시간 내 리듬을 타면서 준비해야 한다. "나는 리듬을 잘 타고 있습니다"라는 PGA 선수의 말은 프리샷 준비를 부드럽게 잘하고 있으며 동시에 샷과 샷을 연결시킬 때도 샷의 감각이 살아있다는 의미이다. 나도 플레이가 잘 될 때는 그런 느낌을 받는다.

여러분이 4단계를 처음부터 끝까지 한번에 연습할 때는 가능하면 역동적이며 각각의 동작 연결에 끊어짐이 없게 하라. 그리하여 코스에서도 자연스럽게 연속된 동작이 나올 수 있게 하라.

이 연습의 핵심은 4단계를 끝내기 이전에 이미 마음속으로 샷을 완성한 그림을 그리는 데 있다. 만일 각각의 동작 중 무언가 잘못되었다는 의심이 생긴다면 처음부터 다시 시작하라. 실수하는 것보다는 안전한 것이 좋다.

목표의식을 가지고 연습하라

4단계 연습의 목적은 어드레스 때 클럽을 열어주는 것만이 아니다. 클럽페이스를 목표를 향해 조준하고(위) 클럽을 열어주는 것은(중간) 임팩트 때 클럽페이스가 계속 처음처럼 열려 있게 하려는 것이다. 만약 클럽을 엎어 공을 친다면 클럽을 열어준 효과가 없어진다. 반면 자신이 만든 로프트를 계속 유지하면(아래) 공은 자신이 의도한 대로 정확하게 날아간다.

드디어 공을 날린다

자, 이제 한번 시도할 때가 되었다. 준비 과정을 마쳤으면 앞에서 배운 코킹을 하면서 평소와 같은 스윙 연습을 하라. 밖에서 안으로 들어오는 스윙을 해서는 안 된다. 그렇다고 세차게 스윙을 하거나 공을 띄우는 행동도 하지 마라. 그립을 가볍게 잡고, 손과 팔을 목표를 향해 가속시켜라(왼쪽). 손목의 각을 그대로 유지하라. 클럽 면이 회전하여 닫히는 일이 없도록 하라. 클럽 면을 닫으면 로프트를 작게 하게 되어 공의 탄도가 낮아진다. 얼마나 빨리 효과를 얻는지 놀랄 것이다. 짧은 시간 내에 여러분은 비거리를 얼마나 만들 것인지, 그리고 그린에 떨어진 후 얼마나 굴릴 것인지 등 공의 탄도를 확실하게 제어하게 될 것이다.

→ 부드럽고 높은 칩샷

투어프로 묘기에서 작은 스윙만으로도 공을 아주 높게 띄우는 기술은 정말 볼만하다. 클럽헤드 스피드도 그리 빠르지 않은데 공을 높게 띄운다는 것이 처음엔 불가능할 것 같아 보인다. 선수는 정확한 임팩트를 해야 하고 열려 있는 클럽 면으로 직각으로 공을 맞춘다는 것 또한 멋있는 기술이다. 스위트 스폿 sweet spot에 정타를 맞추지 못한다면 공을 공중에 높이 띄울 수 있는 힘이 충분히 전달되지 못하여 샷은 짧게 될 것이다. 그럼에도 불구하고 여러분은 이 샷을 배울 수 있고 본인의 장기로 만들 수 있다. 이 샷은 그린이 내리막이거나 여유가 없을 때 아주 긴요하게 쓸 수 있는 기술이다.

내리막 경사이면서 빠르고 단단한 그린을 공략할 때(오른쪽)는 공을 정확한 지점에 떨어뜨리는 것이 중요하다. 공이 홀을 지나쳐버리지 않고 높이 떠서 거의 수직으로 낙하해야 한다. 거리는 역회전으로 조정하는 것이 아니고 – 짧은 거리이므로 역회전을 만들기 어렵다 – 비행궤도로 조정해야 한다. 부드럽고, 정확한 접촉과 공 밑을 파고드는 샷이 요구된다.

샷에 어울리는 백스윙을 하라

어떤 샷이건 간에 임팩트 할 때는 가속을 붙여야 한다. 백스윙의 크기는 아주 중요하다. 백스윙을 크게 해서 임팩트 할 때 가속을 붙이지 못하면 샷은 짧게 된다. 반면 백스윙이 짧으면 거리를 내기 위해 다운스윙을 급하고 공을 칼로 자르듯이 치게 되어 낭패를 볼 수도 있다. 클럽을 열고 샷을 꼼꼼하게 준비하고 싶을 것이다. 또한 어드레스를 자로 잰 듯이 정확하게 하여(작은 사진) 정타를 만들어 내길 원한다. 적절한 백스윙 크기를 반드시 찾아야(왼쪽) 필요한 만큼의 가속을 만들어 낼 수 있다.

힘차고 공격적인 다운스윙을 하라

공을 높은 탄도로 띄우려면 어드레스 할 때 클럽을 많이 열어야 한다. 클럽을 충분히 열어주면 공의 탄도가 낮아지는 염려를 할 것도 없이 클럽에 가속을 붙일 수 있다. 공의 스피드는 빠르나 탄도는 고각으로 만들어진다. 사실 공은 수평 방향보다 수직 방향으로 많은 거리를 이동한다(우측). 이것이 플롭샷은 아니다. 플롭샷은 이 샷보다 백스윙과 폴로스루가 크다. 따라서 고탄도의 정타를 칠 뿐이지 화려한 플롭샷을 하는 것은 아니다.

탄도가 높고 부드러운 칩샷

→ 트래핑과 슬라이딩

어떤 샷이든지 항상 문제가 되는 것은 임팩트이다. 그동안 여러 종류의 쇼트게임을 소개했기 때문에 클럽헤드가 어떻게 왜 임팩트존을 반드시 지나가야 하는지에 대해 지나칠 정도로 강조한 이유를 알게 될 것이다. 칩핑, 피칭, 플롭과 로브샷을 할 때 임팩트 방법은 매우 다양하다. 그러나 칩핑을 할 때의 임팩트 방법은 항상 같아야 한다. 임팩트 조건이 트래핑 Trapping이어야 한다. 탄도가 높고 부드러운 칩샷을 하려면 공 표면을 클럽페이스의

잔디가 피니시를 방해한다

여러분이 공을 높이 띄운다 해
도 플롭샷이나 로브샷 또는 긴
거리 피치샷 같은 기술 샷을
한다고 말할 수는 없다. 공에
스핀을 주기 위해 적극적인 샷
을 한 것도 아니며 공중으로
10m 이상 공을 띄운 것도 아
니다. 여러분이 원하는 샷은
러프로 인해 클럽헤드가 저항
을 받는 지점에서 짧고 큰 기
술이 필요 없는 가파른 다운스
윙으로 만들어 내는 것이다.
이때 피니시는 작을 때도 있고
클 때도 있다. 왼쪽 사진에서
는 가속을 이용해 공을 쳐내고
있다. 그러나 좋았던 클럽헤드
의 스피드가 잔디 때문에 느려
져 폴로스루가 작아지고 있다.
두 손이 얼마나 스윙을 주도했
는지 살펴보고 클럽도 얼마나
열렸는지 보자. 결과는 공이
홀 근처에 떨어진 후 경사를
타고 홀컵으로 들어간다.

홈이 파고 들어가 순간적으로 공을 클럽 면에 눌러 붙이듯이(트래핑) 임팩트를 해야 한다.
그래서 클럽페이스가 어느 정도 급한 경사로 내려오게 만들며 공을 지나칠 때 가속을 붙
인다. 클럽헤드가 비껴 지나가면서 공의 밑을 파고 들어가게 하는 불완전한 샷도 많이 있
다. 이렇게 잘못된 샷을 하면서도 여러분은 내가 언급한 트래핑 샷에서 얻을 수 있는 것
과 같이 좋은 임팩트를 원하고 있다.

→ 낮고 구르는 칩

공략할 그린이 넓다면 칩샷을 낮게 해서 많이 굴리는 것이 높고 빨리 정지시키는 칩샷보다 바람직하다. 그 이유는 안전하기 때문이다. 낮은 칩샷은 스윙을 작게 하면서도 정타를 쉽게 칠 수 있기 때문에 큰 실수가 나오지 않는다. 공을 뒤쪽에 놓고 플레이하기 때문에 앞에 놓았을 때보다 깨끗하게 쳐낼 수 있다. 손이 공보다 많이 앞에 있기 때문에 로프트는 작아지고 클럽 면이 목표에 수직하기 때문에 작은 실수를 해도 별 문제는 없다. 공이 그린에 떨어진 후에는 공의 진로를 예측할 수 있다. 낮고 구르는 칩샷은 목표선을 따라 공을 출발시키는 것이 쉽고, 그린의 좋지 못한 장소에 떨어져도 공이 튀어 다른 곳으로 가지 않는다. 낮은 샷은 안전하여 믿고 플레이할 만하다.

낮은 샷은 위험을 낮춘다

오른쪽 상황은 공을 높게 그리고 가벼운 칩샷을 해야 하는 상황과 비슷하다. 공이 굴러갈 여유가 많으므로 낮은 샷을 추천한다. 사진에서 공은 프린지에 떨어져 홀까지 굴러가고 있다. 이 샷은 높은 칩샷보다 역회전이 많다. 따라서 공이 그린을 넘어갈 정도로 굴러가지는 않는다.

공은 뒤에, 클럽 면은 수직으로

어떤 면에서 낮은 칩샷은 퍼트와 비슷하다. 목표선을 향해 리딩에지를 정렬하고 정상적인 칩샷이나 피치샷보다 공을 스탠스 뒤쪽(작은 사진)에 놓는다. 그린에 공을 떨어뜨린 후 곧바로 공을 정지시킬 필요가 없는 상황에서는 낮은 샷을 하는 것이 최상의 선택이며, 가장 중요한 거리와 방향 중에서 방향 문제는 쉽게 해결된다.

심한 내리막 대처하기

정상적인 칩샷보다 공이 스탠스 뒤쪽에 있으므로 자연히 백스윙은 가파르게 된다(왼쪽). 때문에 날카로운 각으로 공을 칠 수 있다. 내 스윙이 길게 보이지만 실제는 손목을 이용한 것이지 팔의 움직임은 매우 적다. 따라서 스피드를 만들어 내는 힘은 많지만 홀을 지나쳐 버릴 정도로 공을 때리는 위험은 적다.

→ 공략할 각을 조정한다

클럽을 위에서 떨어뜨리듯 경사를 크게 유지하며 공을 치면 낮고 굴리는 샷이 만들어진다. 내가 터프에서 공을 잘 탈출시켰는데 그 이유는 정확한 다운블로로 쳤기 때문이다. 비록 공은 낮게 떴어도 역회전이 들어가 있다. 풀이 길고 공의 라이가 나쁜 곳에서는 클럽을 가파르게 가져가면 많은 이점이 있다. 풀이 길면 길수록 공의 역회전을 억제하는 반면 날카로운 각으로 클럽을 끌면서 내리치면 공을 맞출 수 있다. 공이 놓여있는 상태가 좋건 나쁘건 간에 과감하게 내리치는 스윙을 하면 거리와 방향 모두를 좀 더 확실하게 조정할 수 있다. 스윙을 하는 내내 클럽의 리딩에지를 목표선에 맞추면 공이 어떻게 날아가는지 쉽게 예측할 수 있다.

짧은 샷에도 가속을 붙여라

이 샷은 길게 치는 것이 아니기 때문에 탄도 높은 칩샷을 할 때보다 스피드가 덜 필요하다. 가속을 붙이면서 피니시를 하는 나의 법칙은 여기에도 적용된다(오른쪽). 여러분의 두 손을 앞으로 끝까지 밀어라!

피니시 때 클럽헤드는
뒤에서 끌려간다

두 손이 클럽헤드보다 앞에 있
도록 하는 것은 어떤 경우라도
지켜야 한다. 공을 낮게 쳐 낼
때는 특히 그렇다(위). 클럽의
로프트를 낮게 유지하면 공을
똑바로 쳐내기가 더 쉬워진다.
폴로스루가 끝나면서 공이 홀
을 향해 구르는 속도는 느려진
다(왼쪽). 공이 홀을 향해 굴러
가서 1m 원 안에 들어가기를
기다린다.

→ 라이가 나쁜 공 처리하기

골프에선 나쁜 라이를 만나는 것이 운명이다. 온 그린을 실패하면 대부분은 라이가 나쁘다. 나쁜 라이는 여러분을 골퍼로서 시험에 들게 한다. 그린 주변의 나쁜 라이는 공을 컨트롤하기가 어렵다. 공이 긴 풀 위에 놓여 있으면 역회전을 만들지 않아도 되지만 공의 거리와 궤적을 조정하는 데는 큰 어려움이 따른다. 나는 근 35년간 골프를 했다. 연습도 하고 경험도 있지만 아직도 공이 어떻게 날아갈지 알 수 없는 라이에서 공을 쳐내야 할 상황을 만나곤 한다. 라이가 나쁘다는 것을 받아들여 경기에 다소 영향이 있을 수 있다는 것을 인정하는 태도도 배웠다. 새로운 기술을 시도하고 – 내가 보여줄 수 있는 것 중 가장 좋은 기술 – 또 나의 전략을 꾸준히 향상시키면서 파 세이브를 자주 할 수 있는 단계에 이르렀다. 파 세이브가 불가능하면 최소한 만회할 수 있도록 공을 친다. 그 결과 라이가 나빠도 한 타 이상 잃는 경우는 거의 없다.

공이 두꺼운 잡초에 놓여있는 나쁜 라이의 대표적인 사례이다(아래). 이런 조건에서 경기를 할 때 공이 어떻게 날아가는가 하는 것은 풀의 두께, 풀의 습기, 공의 깊이 그리고 공을 맞추는 내용에 좌우된다. 한 가지 확실한 것은 나쁜 라이라 할지라도 완벽한 샷을 하는 방법을 틀림없이 배울 수 있으며 어려운 곳에서도 쉽게 빠져 나올 수 있게 된다.

클럽페이스는 반드시 열어라

그린 옆 키가 큰 잡초 속에 파 묻힌 공을 보는 순간 클럽페이스의 날카로운 리딩에지로 공을 파내듯 쳐내야 한다고 생각했다. 사실 클럽페이스를 열면 (왼쪽과 작은 사진) 컨트롤이 가능해 더 좋은 결과를 얻을 수 있다. 여러분은 풀을 헤치고 지나가기 위해 보다 강하게 공을 치려고 하지만 클럽을 열었을 때만 공을 때리듯 맞추지 않으면서도 멀리 보낼 수 있다. 클럽페이스를 열면 로프트를 크게 하는 동작 이외에 리딩에지보다는 솔 부분을 더 많이 이용하게 되어 임팩트 시 클럽이 풀에 걸리는 것을 막아준다. 이 샷에서는 클럽페이스를 반드시 열어주어야 한다.

→ 목표를 향해 몸을 기울이고, 내리쳐라

이 샷을 하는 방법은 모래에 공이 깊이 박혔을 때 하는 요령과 비슷하다. 요점은 스윙을 하는 도중 대부분의 힘을 다운스윙할 때 사용하는 것이다. 클럽은 공 밑을 깊이 파고들어가 그 힘으로 공을 떠올리듯이 그린 위로 올린다. 공으로부터 5~6cm 뒷부분을 타점으로 스윙한다. 공을 직접 치거나 아주 가까운 곳을 치게 되면 공이 어디로 갈지 아무도 모른다. 공이 모래에 파묻힌 경우와 같이 체중을 공이 날아가는 쪽으로 이동하고 목표 지점을 향해 몸을 기울인 다음 클럽을 급하게 내려서 지면을 강하게 내리쳐야 한다. 클럽페이스는 꼭 열어두자. 공을 하늘 높이 띄우고 임팩트 시 스피드를 높이는 데 편한 동작을 취하기 위해 로프트 각을 크게 해야 한다. 샷을 할 때 두려워하거나 너무 계산을 해서는 안 된다. 공격적으로 샷을 하면 반드시 좋은 결과로 보상을 받는다.

팔과 손을 활용하라

나의 두 팔은 거리에 비해 백스윙을 상당히 크게 하고 있다(A). 일반적인 칩샷과 달리 손목을 꺾는 동작만으로는 스피드를 만들어 낼 수 없다. 팔을 들어 올리고 필요하면 어깨도 회전시켜라.

공을 띄우는 것은 어렵지 않다

목표를 향해 몸을 기울이고 앞발에 체중을 이동하였으므로(B), 백스윙과 다운 스윙 모두가 매우 가파르게 만들어진다. 그립을 평소보다 더 단단히 잡고 공의 뒷부분을 향해 강하게 찍어 쳐라. 그러면 공은 펄쩍 튀어 오를 것이다.

찍어 치면 피니시는 작아진다

필요한 만큼 공을 찍어 쳤다면 내리치는 각과 풀의 저항 때문에 폴로스루는 작아지게 마련이다. 아직도 나는 내 팔을 앞으로 뻗으려 하고 있으며(C), 이는 내가 공 뒤의 풀을 가속을 만들면서 내리쳤다는 증거이다.

→ 풀에 떠있는 공

공이 풀 속에 완전히 잠기지 않고 풀과 땅바닥 사이에 반쯤 잠겨 있는 경우가 허다하다. 경험이 적은 골퍼는 공의 라이 상태를 읽는 능력이 모자라 공만 살짝 칠 것인지 혹은 깊이 파고 들어가는 스윙을 해야 하는지 결정 못하고 머뭇거린다. 초보자는 러프에서 공을 탈출시키려고 하나 결과는 공을 얇게 치거나 머리 부분을 치기도 한다. 반면 공을 튀어 오르게 만들려고 스윙을 하지만 클럽페이스가 러프를 너무 깊이 파고들어가 임팩트가 이루어지지 않고 공 밑만 스쳐 지나가기 때문에 공은 그린 근처에도 못가는 샷이 되고 만다. 공이 떠있는 라이는 사실 어렵지 않다. 공을 띄우고 가볍게 떨어뜨려 1m 원 안에 붙일 수 있기 때문에 너무 고민할 필요가 없다. 라이가 나쁘기도 하지만 이 경우는 불행 중 다행이다. 공을 약간 얇거나 두껍게 쳐도 결과가 생각보다 좋기 때문이다. 공의 라이가 최악이 아니라 풀 위에 떠 있다는 것을 확인하라. 그리고 샷을 하기 전에 라이를 자세히 살펴라.

공이 풀 위에 떠있듯이 놓여 있으면 셋업할 때(아래) 클럽페이스가 목표를 직각으로 향하도록 만든다. 공이 완전히 풀 속에 숨은 상황과는 달리 클럽을 반드시 열 필요는 없다(작은 사진). 클럽이 공을 스쳐 지나가듯이 스윙을 해야 하며, 클럽헤드 운동을 방해하여 속도가 떨어지게 만드는 큰 풀도 없으므로 리딩에지를 보면서 플레이 할 수 있다는 안도감이 생길 것이다.

저탄도 어프로치 준비하기

클럽이 낮고 공을 스쳐 지나가
듯 스윙하려면 클럽헤드가 잔
디와 거의 평행하게 움직여야
한다. 이 샷을 하려면 몸을 수
평으로 유지하고 양발에 무게
를 고루 둔다. 공을 약간 앞쪽
에 놓고 다운스윙이 급하게 내
려오지 않도록 주의한다. 몸은
편한 자세를 취하고 클럽은 평
소 잡던 그대로 가볍게 잡는
다. 편안하고 가볍게 그립을
잡으면 감각이 좋아져 거리를
제어하기 쉽다.

→ 쓸어 쳐야 정타가 된다

뜬 공을 처리하는 샷은 칩샷 또는 피치샷과
는 조금 다르다. 다운스윙을 급하게 내려오
게 하기 위하여 코킹을 하여 클럽을 위로 치
켜드는 대신 뜬 공을 칠 때는 스윙 면이 보다
평평해야 한다. 오른쪽 연속 사진을 다른 사
진들과 비교해 보면 몸을 중심으로 회전 운
동하고 있다는 것을 알 수 있다. 두 손은 목표
선 안쪽으로 백스윙을 하고 있다. 백스윙을
낮게 가져가면 다운스윙도 낮은 각으로 내려
와 클럽이 타격위치에 다가오면서 거의 수평
으로 이동하게 된다. 손목을 코킹하는 동작
은 여기에서도 적용되나 손목을 꺾는 코킹은
작게 하고 대신 두 팔을 보다 높이 든다. 모든
동작은 부드럽게 리듬을 타야 하며 공을 칠
때 가속은 느려서도 너무 빨라서도 안 된다.
머리와 상체를 고정하고 하체도 흔들리지 않
게 한다. 로프트를 작게 조작하였기 때문에
클럽헤드의 속도를 높일 필요가 없으나 그렇
다고 속도를 늦추어서도 안 된다.

들어올리기보다는 회전하는 기분으로 스윙하라

백스윙하는 자세를 보면 클럽을 다른 샷에 비하여 수평방향으로 이동시키
고 있다(A). 이 자세는 임팩트를 빗자루로 쓸어 치듯 하기 때문에 정타를
칠 수 있다.

공을 맞추지 말고 지나쳐라

내가 만든 디봇을 잘 살펴보자(B). 클럽헤드는 풀 아래 지면에 닿지 않았
다. 어프로치를 하면서 공 뒤의 잔디를 잘게 자르고 있으나 뿌리는 그대로
남아 있다.

중간 높이로 띄우기

공이 높이 뜨지 않고 오히려 낮은 편이다. 어드레스 때 클럽페이스가 직각
이었지만 60도 웨지의 로프트는 공을 높이 띄우는데 충분하다. 비거리와
굴러가는 거리가 50 : 50이 되도록 샷을 준비하자.

**그린이 아닌 페어웨이를
주시하라**

그린 밖에서 퍼팅을 했는데
결과가 좋지 않다면 페어웨
이를 보지 않고 그린만 주시
했기 때문이다. 그린이 페어
웨이보다 빠르다는 고정관념
이 있어 공을 세게 치면 퍼팅
그린에 올라가면서 많이 지
나친다는 두려움이 있기 때
문이다. 그린까지의 거리와
페어웨이의 상태 등 전체 상
황을 잘 살피고 난 후에 공이
그린에 올라가 적당한 거리
를 굴러가는데 필요한 스피
드를 결정한다. 페어웨이의
경사가 여러 방향이면 여러
분이 공을 치는 스피드에 따
라 때로는 무시해도 된다. 회
전이 빠른 공의 경우 미미한
경사는 그냥 직선으로 넘어
간다.

→ 그린 주변에서
퍼팅하기

2004년 마스터스 우승에 앞서 나의 어프로치 방법을 몇 가지 바꾼 결과 기량이 크게 발
전했다. 그중 하나가 그린 주변에서 과거에 시도했던 것과 다른 샷을 한 것이다. 나는
오랫동안 기본 칩샷과 평범한 플롭샷이 유리하다고 생각했었다. 그러나 어거스타코스
그린 주변의 공이 잘 빠지지 않는 아주 어려운 라이는 실수를 용납하지 않았다. 나는 이
코스에서 실수한 대가를 수차례에 걸쳐 지불했다. 그 후 그런 상황이 되면 퍼터로 마무

상황에 맞는 퍼팅 스트로크를 하자

속도가 매우 느린 페어웨이에 적절한 스트로크와 셋업을 할 때는 매우 신중해야 한다. 몇 번 경험을 하고 나면 손을 보다 뒤쪽에 놓고(그러면 로프트가 증가한다) 스트로크를 할 수 있게 된다. 또한 약간 변화를 준 샷도 만들어 낼 수 있다. 그러나 경험을 쌓기 전에는 정석에 가까운 셋업과 스트로크를 해야 한다. 팁을 하나 더 준다면, 공이 풀 위에 떠있어 퍼터로 공을 깨끗하게 쳐낼 수 있을 때만 퍼팅을 해야 한다. 라이가 나빠 목표선 상에 장애물이 있다면 – 공의 디봇 자국 등 – 퍼터를 가방 속에 넣고 웨지를 꺼내야 한다.

리하기 시작했다. 어거스타 그린 주변은 잔디를 매우 짧게 잘라서 – 퍼블릭 코스의 그린과 키 높이가 거의 같다 – 공을 굴리면 쉽게 파를 할 수 있다는 것을 알게 되었다. 이후 도럴에서 열린 2009년 CA 챔피언십에서 우승할 때 두 개의 멋진 샷을 비롯하여 그린 주변에서 퍼터를 사용하기 시작했다. 퍼터를 사용하면 플레이하기 쉬울뿐더러 큰 실수를 할 위험도 없다.

CA 챔피언십 때 라이가 무척 나쁜 지점에서 날린 칩샷이다. 퀴즈 한번 내 볼까? 힌트는 폴로스루가 매우 짧다는 것이다. 나는 그린 주변의 높은 풀을 파고들기 위해 스윙을 가파르게 한 것이 분명하며, 긴 풀이 임팩트 때 내 클럽을 잡아끌었다. 만일 라이가 좋았다면 여러분은 내 두 손이 벨트 근처까지 올라오는 풀 피니시를 볼 수 있어야 한다.

2009년 노던트러스트 오픈에서 그린 주변 러프에서 한 칩샷이다. 이 경기가 열린 리베라 컨트리클럽의 기꾸야 풀 Kikuya grass은 클럽을 잡아당기는 것으로 유명해 칩샷이 매우 어렵다. 이 샷을 할 때 나는 그립을 보다 단단히 잡고 임팩트를 한 후에도 가속을 계속 붙여 샌드웨지가 풀에 걸리지 않도록 했다.

내셔널어거스트 13번 홀 래스 Rae's 소하천 골짜기에서 버디를 성공시킨 샷으로 공을 높이 띄운 후 떨어뜨리는 것이 일품이었다. 샷의 비거리에 비해 공이 무척 높이 뜬 것에 유의하자. 클럽페이스를 연 채로 가속을 하면서 공을 치면 스윙을 작게 해도 공을 높이 띄울 수 있다.

이 샷에서 나는 공이 그린에 떨어지자 곧바로 정지하기를 원하고 있다. 나는 공의 뒤를 힘차게 내리치며 날렵한 리딩 에지가 잔디를 칼로 베듯 자르고 있다. 클럽의 바운스 부분이 클럽을 터프로부터 뛰어오르게 만들면서 두 손이 피니시 하는 것을 도와주고 있다. 항상 언급했듯이 공이 클럽을 떠난 후에도 클럽페이스는 계속 열려 있어야 한다.

벙커플레이를 잘하는 비결은
리듬을 타는 것이다. 부드러운 스윙은
어느 모로 보아도 셋업이나 스윙 이론만큼
중요하다. 당신의 리듬이 좋으면,
굿샷 기회는 엄청나게 증가한다.

103

→ **제 3 장**　　　*Sand Play*

샌드플레이

큰 경기를 할 때 덤으로 받는 보너스는 꼭 필요한 샷을 잘했을 때 관중이 미친 듯이 보내는 환호성 소리다. 마지막 플레이어가 퍼팅을 준비하면 죽은 듯이 고요하지만 승리를 결정 짓는 퍼팅이 성공하는 순간 터져 나오는 큰 고함소리는 최고의 선물이다. 운이 좋아 이를 경험한 모든 선수들은 그 운명의 순간에 느끼는 짜릿함을 알고 있을 것이다. ❯

간혹 선수들이 티에서 혹을 치면 경기 진행자들은 손짓을 하게 되고 관중들은 머리를 숙이고 피하지만 공은 페어웨이 중앙에 떨어지는 것을 보게 된다. 우리 선수들도 웃지만 관중들도 역시 낄낄 대고 웃는다. 그러나 공이 벙커에 떨어지면 신음소리를 자주 듣게 된다. 자연스런 반응이다. 대부분의 아마추어들은 벙커에 들어가면 두려움에 떤다.

• • •

내가 가장 잘한 벙커샷 중 하나는 2006년 메모리얼 토너먼트 마지막 라운드 16번 홀이다. 파 3홀이어서 공이 벙커에 빠지자 나는 물론이고 갤러리들도 한숨을 쉬었다. 그때까지만 해도 나의 우승은 확실치 않았다(나는 공동 4위를 하고 있었다). 그러나 샷은 어려운 상황이었다. 깃대는 오른쪽에 있었고 더구나 깃대까지의 거리가 짧았다. 공은 거의 반쯤 파묻혀 있었고 홀까지는 3m가 채 안 되었다. 나는 이런 상황을 즐긴다. 나는 웨지를 공 밑의 모래를 향해 내리쳐 넣었다. 공은 하늘로 곧바로 떠올라 가볍게 떨어지면서 홀컵으로 들어가 버디를 했다. 나는 그 공이 홀컵으로 들어가리라고는 믿지 않았다. 갤러리들도 믿기지 않았던 모양이다.

파 5의 경우 가끔 의도적으로 공을 벙커에 넣는 경우가 있다. 어거스타 15번 홀은 좋은 사례이다. 바람과 핀의 위치를 고려하면 그린 우측 벙커에서 플레이하는 것이 더 편하다. 벙커에서 빠져 나올 수 있다는 것을 알고 있기 때문이다. TPC 서그래스의 11번 긴 홀은 그린이 작아 온 그린이 어렵기 때문에 또 하나의 좋은 사례가 된다. 만일 그린을 넘기고 아주 어려운 지역에 공이 들어간다고 생각하면 전체적으로 판단하건데 그 홀에서는 벙커플레이가 오히려 유리하다.

내가 메모리얼 대회에서 경험한 것과 같이 공이 모래 속에 묻힐 수 있으며, 벙커 뒷면 내리막 경사에 공이 떨어질 수도 있고 때로는 스탠스를 확보하기조차 어려울 때가 있다. 1993년 메모리얼대회에서 폴에이징어 Paul Azinger는 18번 홀에서 어려운 라이를 맞이했는데 그린 좌측에 올려서 우승을 했다. 물론 우리는 벙커 평평한 곳에 공이 잘 놓여 있기를 원한다. 밥 트웨이 Bob Tway는 1986년 PGA 챔피언십 마지막 홀에서 라이가 좋은 20야드 샷을 했는데 공이 그린에 떨어진 후 마치 퍼팅을 한 것처럼 굴러 홀로 들어가 우승하였고 이 샷으로 올해의 플레이어로 선정되기까지 하였다.

나와 폴 그리고 밥이 플레이한 거리는 각각 달라도 원리는 같다. 선수들이 벙커에서 중압감을 가지고 플레이할 때 짧은 거리가 편하기 때문에 고의로 벙커샷 거리를 짧게 만든다. 선수들은 약간 느린 스윙을 하고 폴로스루에서도 클럽에 계속 힘을 가한다. 거리가 3m 또는 10m가 된다는 것에 개의치 말아야 한다. 성공하는 비결은 피니시까지 가속을 만들어 주고 동시에 공격적인 샷을 하는 것이다. 공을 탈출시켜 가볍게 안착시키는 것이 목적이라면 반드시 그렇게 해야 한다. 특히 공을 부드럽게 떨어뜨리고 싶다면 꼭 지켜야 한다.

• • •

2008년에는 나의 샌드 세이브 순위가 83위에서 3위로 올라갔다. 데이브 펠츠가 투어에서 벙커샷의 평균 거리가 10m라는 정보를 주어 낙하지점과 샷을 할 장소를 미리 정해 놓고 일관성 있는 샷을 연습했다. 펠츠는 좋은 벙커샷은 드라이브에도 도움이 된다고 생각하고 있다. 모래 위에서 샷을 할 기회보다는 티박스에서 플레이 하는 경우가 많기 때문에 모래에서 만든 좋은 리듬은 다른 샷에도 도움이 된다고 믿고 있다.

모래에서 배운 좋은 템포로 홀에 더 가까이 붙이는 샷을 할 수 있게 되었고 결정적인 샌드세이브를 할 수 있는 퍼터거리가 전보다 자주 남게 되었다. 벙커에서 첫 번째 목표는 벙커를 탈출하는 것이다. 그러나 벙커에서 플레이하는 방법을 알게 되면 공을 깃대에 바짝 붙여 관중들을 열광시키는 샷을 목표로 하지 말라는 법도 없다.

거리가 긴 벙커샷에서 나는 풀스윙과 같은 스윙을 구사하고 있다.

→ 10m만 연습한다

2008년도에 벙커에서 128개의 샷을 하는 동안 80번을 앉았다 일어섰다 했다. 벙커샷 연습을 하는 동안 28번을 계속해서 홀 근처 1m 가까이 붙인 경험도 있다. 데이브 펠츠가 그린사이드 벙커의 평균거리가 10m 정도 된다고 알려주어 나는 10m 샷만 연습하기 시작했다. 10m 샷에 능숙하다보니 이보다 짧거나 긴 샷도 어렵지 않게 할 수 있게 되었다. 샷을 하기 전 몇 가지 변화만 주면 – 클럽페이스를 여는 정도, 스탠스에서의 공의 위치 등 – 샷의 기본동작을 변화시키지 않고도 거리를 조절할 수 있었다. 여러분이 연습할 때 10m로 고정된 거리를 목표에 두고 샷을 한다면 틀림없이 실력이 향상될 것이다. 실제로 다루기 어려운 라이는 거의 없게 될 것이다.

상황에 맞는 웨지를 선택하라

실제 모든 샌드샷에서 나는 바운스가 적당한 60도 웨지를 사용한다(오른쪽 웨지). 여러분이 나를 따라 할 필요는 없다. 여러분은 혹시 나보다 로프트가 작거나 바운스가 큰 클럽이 필요할 수도 있다. 중요한 것은 여러분이 자신 있게 칠 수 있으며 하고자 하는 스윙에 적합한 클럽을 선택해 심적 불편함을 느껴서는 안 된다는 것이다.

좋은 리듬으로 출발한다

내 샌드플레이가 좋을 때면 그 감을 드라이브를 칠 때까지 가지고 간다는 것을 알았다. 벙커샷과 드라이브샷은 기술적으로 다르지만 양자 모두 리듬을 탄다는 점에서는 같다. 특히 벙커샷의 경우 공을 때리기보다는 부드러운 템포로 스윙하는 것이 절대적으로 필요하다. 근육에서 나오는 원초적인 힘은 쓰지 말고 여러분의 기술과 공을 탈출시키는 클럽의 성능을 믿는 태도를 길러라.

60°

→ 코킹을 풀지 마라

많은 아마추어들은 벙커샷과 페어웨이 웨지샷이 다른 것으로 알고 있다. 전혀 그렇지 않다. 사실 손목코킹 동작 측면에서 보면 다른 점보다는 같은 점이 더 많다. 샌드에서 하는 모든 샷에서는 백스윙 초기 단계에 손목을 코킹한다. 코킹한 상태에서 백스윙의 크기는 팔로 조절한다. 아마추어들은 스피드가 많이 필요하다고 생각하는데 실제는 그보다 작다. 따라서 무리하면서 스피드를 크게 만들어 내면 안 된다. 임팩트 후 앞 스윙으로 전환할 때는 손목코킹을 계속 유지해야 하고 거리는 임팩트 후 두 팔의 스윙 속도로 조절한다. 무엇보다 중요한 것은 가속을 붙이면서 모래를 치는 것이다. 임팩트를 할 때 머뭇거려서는 절대로 안 된다. 절대로! 목표는 시작부터 피니시까지 클럽헤드의 스피드를 계속 증가시키는 것이다. 여러분은 이 하찮고 작은 노력이 샌드에서 여러분의 공을 꺼내주고 그것도 1m 원 안에 붙여준다는 것을 보면 아마 놀랄 것이다.

평범한 어드레스 포지션

나의 셋업을 잘 보고(A), 벙커가 아닌 다른 곳이라고 생각하면 내가 20m 피치샷을 준비하고 있는 것으로 오해할 수도 있다. 공의 위치, 클럽페이스 위치, 약간 오픈시킨 스탠스 모양 등 모두가 20m 피치샷 자세와 같다.

백스윙 초기에 코킹하라

나의 테이크어웨이는 단순히 손목을 코킹하는 것 외에는 다른 동작이 없다. 반면 비거리는 두 팔을 뒤로 젖히는 크기로 조정한다(B). 신경을 곤두세워 칠 필요가 없고 편안하게 치는 샷이다.

팔과 클럽이 일직선이 된 피니시

일반적인 피치샷과 칩샷에서 폴로스루 때는 말할 것도 없지만 클럽헤드가 손보다 앞서 나가서는 절대 안 된다(C). 그 이유는 내가 목표선을 향하여 아래로 내리치기 때문에 피니시 때 클럽과 두 팔은 목표를 향해 일직선으로 죽 뻗게 된다.

→ 규칙 1. 바운스를 유지하라

벙커샷을 할 때면 클럽페이스의 위치는 임팩트와 어드레스가 똑같아야 한다. 실제로 공이 하늘로 떠오른 한참 후 폴로스루가 진행될 때도 클럽의 오픈된 상태가 유지되어야 한다. 로프트를 장시간 유지하기 위해서다. 여러분은 어드레스 할 때 클럽페이스를 조정하여 공의 탄도를 만들려고 한다. 그리고 클럽이 모래를 파고들어갈 때 처음에 의도한 로프트가 변하지 않기를 바라고 있다. 특히 클럽바닥의 바운스가 살아 있기를 바라는 이유가 더 클 것이다. 임팩트를 할 때 클럽을 돌려 페이스를 닫아 버리면 벙커샷을 하는 동안 클럽헤드의 역할을 바꾸어 놓는 결과를 초래한다. 클럽의 밑바닥이 저항을 적게 받으며 모래를 치고 나가는 대신 리딩에지가 모래에 푹 박혀버리거나 공이 크게 튀어 오르게 된다. 어쨌든 샷은 엉망이 된다. 모래를 너무 많이 떠올려서 거리가 턱없이 짧거나 리딩에지로 공을 치게 되어 그린을 넘겨 보내게 된다.

클럽페이스 로프트 만들기

어드레스 할 때 클럽페이스는 항상 열려 있어야 한다(오른쪽 위). 이 동작은 로프트를 크게 만들고 동시에 클럽이 모래를 깊이 파고 들어가지 못하도록 리딩에지가 모래 표면 위에 놓이도록 하기 위해서다. 벙커샷을 할 때 두 손이 돌아가는 것을 저지하여 클럽페이스가 열려 있도록 한다. 공이 모래를 떠나가고 클럽이 앞발을 지나갔더라도 클럽페이스는 목표를 향해 계속 열려 있어야 한다(오른쪽 아래). 어떤 벙커샷이던지 꼭 지켜야 한다.

달리보이나 실제는 같다

여러분은 클럽의 리딩에지 바로 밑의 불록 튀어나온 부분을 볼 수 있을 것이다(바로 오른쪽). 헤드가 모래를 파고들어 갈 때 솔이 글자 그대로 클럽을 튀어 오르게 하여 클럽헤드가 계속 앞으로 진행하게 도와준다. 그래서 헤드를 닫게 되면 리딩에지가 아래를 향하기 때문에 솔의 기능을 상실시켜 클럽이 모래를 파고 들어가게 된다. 따라서 임팩트가 진행되는 동안 클럽페이스는 열려 있어야만 한다(오른쪽 끝).

→ 규칙 2. 클럽을 가속시켜라!

임팩트부터 피니시를 마칠 때까지 두 팔은 정지하지 말고 반드시 계속 움직여야 한다. 임팩트 순간에 두 팔이 주춤했다면 여러분은 클럽을 너무 일찍 릴리스 한 것이다. 임팩트 때 솔의 많은 부분이 노출되어 클럽헤드가 모래를 비껴나가게 되면서 그린을 넘어 갈 정도로 공의 머리를 때리게 된다. 임팩트 구간에서 손을 가속시키면 여러분이 어드레스를 할 때 계획했던 클럽페이스 위치를 그대로 유지시킬 수가 있다. 클럽페이스는 정확한 각도로 모래를 파고 들어가 큰 저항 없이 모래를 통과할 것이다. 내가 "가속을 시키세요"라고 말하는 것이 물체에 타격을 가하듯이 힘을 써서 스윙하라는 뜻이 아니라는 것을 꼭 기억하기 바란다. 나는 그저 다운스윙 내내 스윙 속도를 계속 증가시키라고 한 말이다. 그러면 가속으로 얻어진 운동의 힘이 여러분의 두 손을 끝까지 자연스럽게 이동하도록 도와준다는 의미이다.

임팩트가 끝났어도 두 손을 뻗어주자

공은 이미 벙커를 떠나갔는데도 두 손은 목표 방향으로 곧게 뻗어 있다(오른쪽). 내 뒷손(장갑을 끼지 않는 손)이 죽 펴져 있는 것은 임팩트 시 공격적인 가속을 만들었다는 증거이다. 나는 항상 공을 퍼서 올린다는 생각보다는 모래를 친다는 감으로 스윙을 한다. 나는 충분한 스피드를 만들어 내고 있지만 힘이 아닌 정교한 기술을 이용한다.

손을 돌리지 말자

왼쪽 사진에서 장갑을 낀 손등
이 목표를 향하고 있는 것을
보자. 이는 두 손이 임팩트를
지나 폴로스루 경로를 따라 움
직이고 있다는 증거이다. 두
손의 동작은 여기서 그치지 않
고 후에 폴로스루 동작으로 전
환해서 운동의 힘이 남아 있을
때까지 앞으로 전진한다. 장갑
을 낀 손과 클럽이 일직선을
이루고 있는 것을 자세히 보면
클럽헤드가 양손 뒤에 머물고
있다는 것을 알 수 있다. 마지
막으로 하나 관심을 둘 것은
클럽페이스가 떠오르는 모래
를 향하여 바라보고 있는 듯한
자세다. 클럽페이스는 어드레
스 때와 똑같이 아직도 열려
있다. 임팩트가 끝난 후 클럽
페이스 면 전체가 사진처럼 벙
커 면과 평행하게 놓여 있지
않고 앞부분만이 하늘을 향해
올라가 있다면 모래를 너무 일
찍 파고들어간 것이다. 당연히
결과는 나쁘다.

→ 모래의 쿠션

벙커샷이 클럽과 공이 닿지 않는 매우 드문 샷이라는 것은 초보 시절 처음 배우게 되는 것 중 하나다(풀이 아주 긴 러프에서의 피치샷은 제외). 클럽헤드는 공 뒤쪽으로 모래를 파고 들어가 모래 쿠션을 이용하여 공을 목표 방향으로 날려 보낸다. 그렇다면 얼마나 정확하게 클럽헤드가 공의 뒷부분을 파고들어 가야 하는가, 그리고 모래를 파고들어 갈 때 클럽의 각도는 얼마가 되어야 하는가? 두 질문에 대한 답은 상황에 따라 다르다. 왜냐하면 모래의 굳기 정도, 모래의 종류, 라이의 상태, 그리고 목표지점의 거리에 따라 달라지기 때문이다. 그래도 나는 손, 팔, 클럽헤드를 가속시켜 주면 이 많은 복잡한 것들이 비교적 쉽게 해결된다고 말하고 싶다. 나머지 부분은 연습과 많은 경험이 채워 준다.

완벽한 샷의 재구성

샷을 끝낸 후 만들어진 디봇(아래 연속사진)에, 내 클럽이 임팩트 지역을 어떻게 지나갔는지를 재구성했다. 디봇 밖에 있는 공은 원래 공의 위치를 나타낸다. 모래를 파고들어 갈 때 클럽헤드가 얼마나 열려 있는지 그리고 디봇을 지나 모래를 탈출할 때까지 계속해서 어느 정도 열려 있는지를 주의해서 보자. 클럽헤드의 솔 부분을 이용하여 바운스를 만들면 모래를 너무 깊이 파고 들어가는 것에 대한 염려를 할 필요가 없다.

클럽에 내맡겨라

어떤 골퍼들은 모래를 너무 가파르게 파고들어 간다. 다른 이들은 모래 위만 살짝 뜨는 스윙을 한다. 공의 15cm 뒤를 목표로 하는 골퍼가 있는가 하면 약 3cm 뒤의 모래를 치는 골퍼도 있다. 평범한 라이의 벙커샷에서 모래의 상태가 적당히 단단하다면(왼쪽), 나는 공의 7~10cm 뒤의 모래를 겨냥하여 디봇을 약간 깊게 만드는 샷을 한다. 클럽 고유의 기능을 그대로 이용하면 클럽솔의 바운스가 모래를 얕게 파고들어가 가속이 줄어드는 것을 방지한다.

→ 내리막 라이

라이가 나쁜 벙커샷은 골칫거리다. 특히 내리막 라이는 모든 골퍼에게 어려움이 있다. 긴 풀에서 치는 칩이나 피치 샷과는 달리 벙커샷은 잘못 치면 혹독한 대가를 치른다. 벙커는 해저드로 분류되는데 샷을 너무 얇거나 두껍게 하면 비슷한 실수를 잔디 위에서 했을 때보다는 손실이 엄청나게 크기 때문이다. 가장 흔한 실수가 뒤 땅을 치는 것으로 거의 대부분 벙커를 탈출하지 못한다. 이를 너무 의식하여 클럽의 리딩에지로 쳐서 공을 앞 벙커 모래에 톡 떨어뜨리거나 그린을 훌쩍 넘겨버린다. 내리막 라이에 대처하는 방법은 자세를 조절하여 몸이 라이의 경사를 느끼지 못하게 경사진 쪽으로 몸을 기울이든가 또는 좌우 체중을 다시 분배하는 것이며 이 자세를 스윙하는 동안 끝까지 유지해야 한다.

목표를 향해서 몸을 기대는 자세를 취한다

내리막 경사면과 수직이 되게 몸의 자세를 잡은 후 모든 체중이 앞발에 실리도록(오른쪽) 목표를 향해 몸을 기대는 자세를 취한다. 공은 스탠스 앞쪽에 놓아야 한다. 그래야만 가파른 스윙을 쉽게 하고 벙커의 경사면에 평행하게 공을 내리칠 수가 있다. 아울러 클럽페이스를 여는 것도 잊지 말아야 한다.

어드레스 때 한 발로 설 수 있는 자세를 취한다

어드레스를 할 때 뒷발을 들어도 몸의 균형을 유지할 정도로 앞발에 체중을 실어야 한다(왼쪽). 한 발로 서는 동작은 어드레스를 점검하는 것이 아니라 스윙 그 자체를 점검한다. 두 발로 서서 스윙을 하면 여러분의 체중은 앞발에 집중될 것이다. 체중은 절대로 뒷발로 이동하지 않는다. 사실 뒷발은 몸의 균형만 잡아주는데 이용할 뿐이다.

내리막 라이

→ 체중을 항상 앞에 두라

백스윙은 일반 피치샷과 같으며 특별하게 큰 힘이 필요치 않다. 손목을 코킹하여 백스윙을 하고 대신 팔의 움직임은 작게 하라. 여러분의 체중이 항상 앞발에 실리도록 하라. 체중이 뒷발 쪽으로 이동되는 일이 없어야 한다. 어드레스에 배분한 힘은 스윙에 필요해서가 아니라 스윙도중 몸의 균형을 잡기 위해서다. 내리막 벙커 라이를 수평으로 되돌려 놓으면서 몸이 목표의 반대 방향으로 기울어지게 척추를 내리막 경사와 수직이 되도록 유지시키는 것이 매우 중요하다.

급경사 어프로치를 준비한다

스탠스 전면에 공이 위치하기 때문에(아래) 다운스윙을 하면서 공을 칠 수 있는 방법은 체중을 앞발에 싣고 가파른 스윙을 구사하는 것이다. 내 스윙의 중심을 앞으로 이동시키면서 나는 공을 두껍게 치는 것을 미리 예방하고 있다.

엉덩이와 다리의 움직임을 작게 하라

평탄치 않은 모든 라이에서는 하체를 고정시켜야 한다. 왼쪽 사진에서 거의 고정된 내 엉덩이와 어드레스 때와 똑같은 모양으로 몸을 지탱하고 있는 오른쪽 발을 볼 수 있을 것이다. 여러분이 하체를 단단히 고정시키고 체중을 앞으로 이동하면 다운스윙 중 클럽의 컨트롤이 가능하여 몸의 균형을 유지할 수 있을 것이다. 추가로 확인할 것은 클럽샤프트와 지면과의 각이다. 손목을 코킹했으므로 클럽은 하늘 12시 방향을 향하고 있다. 따라서 클럽을 아주 급한 경사각으로 내리칠 수 있다는 표시다.

내리막 라이

→ 스윙은 가파르게, 몸은 낮게

내리막 라이를 만나면 여러분은 임팩트가 가파르게 만들어지길 원한다. 어드레스 할 때 목표를 향해 기대는 듯한 자세를 취하면 정확한 임팩트를 할 수 있기 때문에 모래를 너무 많이 파고들어 가거나 너무 적게 떠내는 일은 없게 된다. 목표를 향해 몸을 기울이는 동작은 클럽이 모래를 파고들어 가는 깊이를 조정할 수 있으며, 스윙의 최저점과 공과의 간격이 적정한지 확인할 수 있다. 여러분은 내리막 라이에서 짧거나 깊은 디봇보다는 깊이와 길이가 적당한 디봇을 만들고 싶어 한다. 내가 설명한 셋업을 고치는 것만으로는 충분하지 않다. 목표를 향해 몸을 기울이는 동작은 경사 문제를 해결해 주지만 모든 것의 처방은 되지 않는다. 임팩트 후에도 클럽헤드의 높이를 낮게 유지하려는 노력이 필요하다. 공이 벙커를 떠나 깃대를 향해 굴러가고 있는 동안에도 클럽이 모래 속에서 뒤늦게 빠져 나오는 샷 감각을 가져야 한다.

공을 띄우는 비법 두 가지

내리막 라이는 주로 벙커의 뒷부분에 있다. 따라서 그린에 공을 올리려면 평상시보다 더 많은 거리를 보내야 한다. 첫 번째 요령은 두 손을 가속시켜 (A) 클럽헤드의 속도를 높여서 공을 앞으로 보내는 방법이다. 두 번째는 어드레스 할 때 클럽페이스를 열어 로프트를 크게 만들고 공이 클럽을 떠난 후에도 이 로프트를 그대로 유지하는 것이다(B).

몸을 얼마나 낮출까?

공을 향해 가파른 스윙으로 임
팩트를 할 때는 머리와 상체를
계속 아래로 낮추어라. 여러분
의 양손이 폴로스루에서 죽 펴
지도록 몸을 낮추어야 한다.
나는 폴로스루를 하면서 내 두
손이 허리높이에 올 때까지 내
머리를 아래로 고정시킨다(왼
쪽). 임팩트가 끝나면 뒷발 뒷
꿈치를 지면에서 떼면서 머리
와 몸을 풀어준다. 마지막 단
계로 스윙에서 만들어진 운동
력이 피니시로 전환하게 된다
(작은 사진). 만일 공이 밀리면
서 맞게 되면 어드레스 때 조
준을 다시 한다.

→ 고난도 오르막 라이 정복하기

오르막 라이도 경사에 몸을 맞추어 플레이해야 한다는 점에서 내리막 라이와 비슷하다. 오르막 라이에서 아마추어들은 흔히 공 뒤의 모래를 많이 파면서 공을 두껍게 친다. 결과는 벙커턱을 탈출할 수 있을 정도로 공을 높이 띄우거나 깃대 옆 1m 원 안에 붙이는데 실패한다. 내리막 라이와 똑같이 상체를 사용하지 않고 하체는 단단히 고정시킨다. 이것을 충실하게 지키면 공은 저절로 하늘 높이 뜨면서 모래를 탈출하므로 다른 걱정을 할 필요가 없다. 어드레스 할 때 클럽페이스를 열어 로프트를 크게 해주는 동작 외에 몸을 뒷발 쪽으로 약간 젖힌다. 그러면 더 많은 로프트를 만들 수 있다. 그 후 자신감이 생길 때까지 연습하라.

비밀은 셋업에 있다

지금 이 셋업은 내리막 라이와
정반대 모양이다. 몸을 경사에
수직으로 만들고(왼쪽), 이번에
는 체중을 뒷발 쪽에 싣고 있
다(124쪽). 이 자세는 클럽헤드
가 모래를 얕게 지나가 패인
모양보다는 긁힌 흔적만 보일
뿐이다. 뒷발에 힘이 집중되기
때문에 뒷발을 모래 속에 단단
히 고정시켜야 한다. 스윙의
중심점이 스탠스 중앙부근에
있기 때문에 공의 위치를 내리
막 라이와 달리 앞쪽에 놓지
않는다. 다운스윙에서 클럽을
목표선 쪽으로 똑바로 보내기
위해 발은 약간만 오픈시킨다.

→ 몸의 균형을 꼭 유지하라

백스윙 할 때 뒷다리에 큰 힘이 실리게 된다. 뒷다리는 이 힘을 떠받치기 위해 약간 밖으로 굽히는 자세를 취하게 된다. 공의 바로 위에 몸을 고정시키지 않고 상체가 목표의 반대 방향인 뒷다리 쪽으로 기울어지게 놓아둔다.

스윙 그 자체는 부드럽고 느린 듯하며 리듬을 타서 모든 동작이 조화를 이루어야 한다. 이와 같은 조화는 스윙하는 동안 몸의 균형을 지켜주고 클럽이 적절한 속도와 높은 정확도로 모래를 파고들어 갈 수 있도록 도와준다. 나는 손목코킹을 하고 두 팔을 일반 스윙보다 약간만 더 크게 백스윙하여 앞 방향으로 스윙을 할 때 가속을 쉽게 만든다. 이때 몸의 균형이 제일 중요하다.

스피드를 계속 제어하라

클럽페이스의 로프트각이 매우 크므로 공을 높게 띄워서 날아가게 하려면 상당한 클럽스피드가 필요하다(위). 그래서 디봇을 얇게 만들어 가능한 모래의 저항을 적게 하고 있다. 동시에 다리와 엉덩이를 이용하고 있다. 위 사진과 오른쪽 사진에서 우측 다리 역할의 차이점을 비교해보자. 손목코킹을 완벽하게 하고 있어도 두 팔로 대부분의 스피드를 만들어 내고 있다. 그래서 클럽이 항상 손 뒤를 따라다니게 스윙을 한다. 팔로 만들어진 스피드는 손과 클럽으로 이동하여 공과 모래를 날려 보낸다.

→ 피니시를 보면 스윙을 알 수 있다

오르막 라이에서 피니시를 한 자세를 보면 그가 얼마나 중심을 잘 잡고 있는지 알 수 있다. 오르막을 향한 몸의 움직임은 없어 보이면서도 앞발 쪽으로 약간의 체중만 이동한 것이 전부다. 나의 디봇 자국이 시작부터 끝까지 거의 똑같은 깊이로 패어 있고 형태가 매우 일정한 것을 살펴보기 바란다(오른쪽). 이는 내가 어드레스 할 때 모래 표면에 몸을 수직으로 만들었기 때문이다. 아마추어들은 항상 클럽헤드를 모래에 처박으려 하여 리딩에지가 모래를 깊이 파고들어 가는 스윙을 한다. 결과는 항상 나쁘다. 모래가 클럽을 곧바로 정지시키기 때문에 공은 벙커를 벗어나지 못한다. 또한 의식적으로 당겨치는 샷을 피하려면 어드레스를 하면서 조준을 다시 해야 한다.

견실한 폴로스루

폴로스루를 하고 있는 현재 상태에서 팔이 아주 높은 편은 아니지만(오른쪽) 두 팔은 완전히 쭉 펴져 있다. 두 팔로 공격적인 가속을 만들었다는 증거다. 밸런스가 잘 잡혀 모래에 파묻힌 발 모양이 어드레스 때와 비슷하다.

결과 : 높고 부드러운 공오름

경사진 곳에서 샷을 하고 깃대를 향해 높이 그리고 부드럽게 날아가는 공을 본다는 것은 정말 기분 좋은 일이다. 왼쪽 바로 옆 사진에는 참고하지 말아야 할 세 가지가 있다. 첫째, 폴로스루의 완벽함. 스윙을 방해하는 요소가 없었기에 스피드를 충분히 만들어 낼 수 있었으며 그 결과 공을 높게 띄우고 피니시를 완전히 끝낼 수 있었다. 둘째, 왼쪽 다리 뒤꿈치가 모래에서 떨어져 있다. 이것은 하체를 완전히 풀었다는 증거이다. 친구들! 절대로 칩샷이 아니다. 한 치의 오차도 없는 풀스윙이 요구되는 상황이다. 셋째, 공은 깃대의 좌측을 향해 벙커를 탈출하고 있다. 내가 살짝 당겨치는 형식으로 샷을 했기 때문에 목표를 향해 똑바로 날아갔다.

→ 오르막에 파묻힌 공

공이 일단 모래 속에 깊게 묻혀 있으면 샷을 달리해야 한다. 역회전을 만들어 낼 수 없기 때문에 모래 위에 있는 경우와 달리 컨트롤이 쉬운 상황은 아니다. 따라서 공이 그린에 올라간 후 얼마나 굴러갈 것인가를 확신할 수 없다. 오랫동안 연습하면 예측할 수 있지만 1m 원 안에 공을 자주 올려놓는 것은 매우 어렵거나 불가능하다.

파묻힌 공의 경우 일반적인 오르막 라이에서 플레이 할 때와 세 가지가 다르다. 첫째, 낮은 각도로 공을 쳐내서는 안 된다. 클럽이 공으로 다가가는 각도가 낮으면 모래를 깊이 파낼 수 없으므로 클럽이 공 아래를 파고들어 갈 수가 없다. 둘째, 앞발에 체중을 이동하여 모래 턱을 직접 가격한다. 셋째, 두 손이 앞서 나가며 임팩트를 주도한다. 임팩트 직후 모래가 클럽을 잡아끌기 때문에 피니시는 끝까지 이루어지지 않고 도중에 깨지고 만다.

수평 상태로 임팩트 하기

사진에서는 비록 내가 목표의 반대 방향으로 몸을 기울이고 있지만 체중은 앞발쪽에 싣고 있다. 클럽페이스는 열려 있지만 바운스를 만들려는 것이 아니라 로프트를 만드는 것이 목적이다. 공을 하늘 높이 띄우는 것이 쉽지 않다. 그래서 모든 주변 상황을 잘 이용해야 한다.

짧고 강력한 샷을 한다

백스윙을 크게 하지 마라. 대신 정확한 임팩트를 하라. 강력한 힘도 필요하다.
이 상황에서는 평소보다 엉덩이를 고정시키고 어깨는 더 많이 회전시킨다(A).
공의 5cm 정도 뒤를 겨냥하면서 강하고 공격적으로 스윙을 한다(B).

피니시를 직선으로 하라

일반적인 칩과 피치샷에서 손은 항상 클럽헤드보다 앞서 다닌다. 폴로스루에도 예
외는 없다. 내가 목표 방향으로 클럽헤드를 내리치는 스윙을 했기 때문에 피니시
때 클럽과 두 팔은 목표를 향하여 뻗어 있다(C).

오르막 라이

→ 클럽헤드로 모래 턱을 쳐라

쑥스러워 할 때가 아니다. 여러분이 겨냥하는 모래의 목표지점에 클럽을 정확하게 집어넣어라. 필요한 기술은 클럽 스피드와 힘이 전부다. 중요한 것은 손이 클럽헤드보다 앞서게 하여 공이나 모래는 클럽헤드가 지나간 뒤 튀어 오르게 한다는 것이다. 손을 항상 앞서게 하는 이유는 클럽의 리딩에지를 돌출시켜 모래를 칼로 베듯 파고들어 가기 위함이다. 클럽을 너무 일찍 릴리스해서 앞팔과 샤프트가 직선이 되면 클럽의 솔 부분이 제일 먼저 모래로 들어가게 된다. 솔은 뭉툭하고 둥근 모양을 하고 있어 클럽이 공 밑을 지나갈 정도로 모래를 깊게 파고들어 가지 못한다. 여러분이 구사하는 샷은 공이 모래 위에 있을 때와 같이 경사면을 따라 클럽을 스윙하는 것이 아니라 클럽을 낮게 수평방향으로 이동시키면서 모래 턱을 직접 가격하는 것이다.

클럽헤드는 손 뒤를 따라다닌다

공이 오르막 경사지 모래 속에 묻혀있는 경우는 흔치 않다. 손목코킹 기술이 필요하다. 샤프트와 장갑을 낀 팔과의 사이각을 끝까지 유지한다.

두 종류의 피니시

같은 오르막 경사일지라도 공
이 모래 위에 있을 때와 깊이
파묻혔을 때의 피니시는 전혀
다르게 나타난다. 모래 깊이
묻혀 있으면(A), 클럽헤드가
오르막 경사에 걸려 내 두 손
은 앞으로 나가지 못하고 있
다. 그러나 공이 모래 위에 떠
있듯이 있는 경우는 다르다
(B). 모래의 저항이 거의 없기
때문에 피니시가 방해를 받지
않아 두 팔과 양손은 앞으로
죽 뻗어 있다.

→ 긴 거리 벙커샷

아마추어들은 20~50m 거리의 벙커샷을 골프에서 제일 어려운 샷으로 생각한다. 나는 이 정도 거리의 샷을 어렵게 생각한 적이 없다. 물론 벙커 주변에서 1m 원 안에 공을 넣는 것보다는 어렵다. 긴 거리 벙커샷이 많은 아마추어를 (일부 프로까지) 흥분시키는 이유는 무엇인가? 내가 판단하건데 골퍼들은 거리가 길기 때문에 다른 기술이 필요하다고 생각하고 있는 것이다. 거리 확보를 위해 모래를 살짝 파내려다 공의 머리 부분을 때리는 실수를 자주 범한다. 또 다른 실수는 공을 스탠스 뒷쪽에 놓는 것이다. 이는 초보자들이 로프트를 작게 하여 공을 낮게 그리고 멀리 보내려고 할 때 쓰는 방법이다. 긴 거리 벙커샷을 제대로 하지 못하는 원인은 많다. 여러분이 보듯이 긴 거리 벙커샷을 잘하는 비결은 하나밖에 없다.

공이 날아가도록 하라

긴 거리 벙커샷은 모래 위에 있는 공을 비롯한 다른 모든 것들을 날려 보내야 한다. 긴 거리 벙커샷은 몸통의 회전, 팔 주도의 강력한 스윙, 손목코킹 등을 하는 페어웨이 풀스윙과 같다. 스윙의 빠르기와 자유스러움은 폴로스루에서 나타난다. 폴로스루는 몸 전체를 죽 뻗어주는 자세를 보여야 하며(오른쪽), 손은 높이 들려 있고 피니시는 균형이 잡힌 상태여야 한다.

다른 샷과 비슷한
셋업을 하자

긴 거리 벙커샷은 일반적인 벙
커샷과 같은 요령으로 샷을 준
비한다. 공을 스탠스의 앞쪽에
놓고 그린사이드에서 짧은 거
리를 플레이 할 때보다는 작지
만 샌드웨지 클럽 면을 열어
라(왼쪽 위). 나머지 셋업 과정
은 특별한 것이 없다. 그러나
여러분이 거리를 길게 내려고
하기 때문에 하체는 단단히
고정시켜야 한다. 하체가 흔들
리지 않게 발을 모래에 깊게
파묻어라.

공의 위치가 매우
중요하다

긴 거리 벙커샷을 할 때면 공
을 항상 스탠스 앞에 놓아라
(왼쪽 아래). 다른 샷과 같이 공
뒤 5~7cm 지점을 타점으로
하라. 클럽은 모래를 깊이 파
지 않아 모래의 쿠션을 적게
이용하면서도 공을 띄울 수 있
다. 스윙을 빠르게 하면 임팩
트 때 발생하는 모래의 저항이
상대적으로 작아진다.

→ 대담하게 쳐내라

공을 멀리 내보내야 하기 때문에 클럽헤드에 가속력이 충분하도록 백스윙을 크게 해야 한다. 큰 스윙은 차라리 고민할 필요가 없다. 왜냐하면 스윙과 공을 치는 정확도는 차후 문제이기 때문이다. 사실 긴 벙커샷에서 어느 정도의 작은 실수는 무시한다. 셋업이 올바르면 스윙 리듬은 좋아지고 공을 가속으로 칠 수 있기 때문에, 공을 얇거나 두껍게 치는 것이 가능하여 좋은 결과를 얻게 된다. 긴 벙커샷을 편하게 치는 가장 좋은 방법은 내가 제시한 핵심사항을 연습하는 것이다.

일관성을 유지하는 법

나는 긴 벙커샷에서 60도 웨지를 자주 사용한다. 그러나 항상 사용하는 것은 아니다. 거리가 너무 길 때는 셋업, 스윙, 공의 위치를 절대로 바꾸지 않는다. 대신 55도 샌드웨지로 클럽만 바꾼다. 한 예로 거리가 약 50m 되면 피칭웨지로 바꾼다. 거리가 더 멀면 샌드웨지를 더 이상 고집하지 않는다.

A

샷 전체를 생각하라. 샷을 준비하기 전에 라이를 분석하고 모래의 특성을 파악하라.

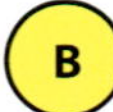

B

팔과 손을 가속시켜라. 가속이 떨어지면 죽음의 사자가 찾아온다.

C

임팩트를 하는 동안 클럽페이스를 고정시켜라. 클럽페이스를 닫으면 리딩에지가 모래를 파고들어가 샷을 망치게 된다.

A
B
C

→ 예술 같은 피니시

여러분의 폴로스루를 보면 스윙의 초기 동작을 추정할 수 있다. 임팩트가 끝나고 폴로스루와 피니시로 들어가는 자세만 보아도 플레이어가 어떤 종류의 샷을 했는지 쉽게 알 수 있다. 스윙을 비디오로 보면 내가 드로draw를 구사했는지, 페이드fade를 구사했는지, 공을 높게 쳤는지 또는 낮게 쳤는지를 공이 날아 간 후 내 몸과 클럽의 위치만 보아도 알 수 있다. 긴 벙커샷의 폴로스루를 점검할 때 나는 충분한 가속을 내면서 공격적으로 샷을 했는가를 항상 확인하고 싶어 한다. 이때 네 가지를 점검한다. (1) 양손이 허리 높이까지 왔을 때 두 팔이 곧게 펴져있는가, (2) 허리띠 버클이 목표를 향하고 있는가, (3) 피니시 때 두 손이 머리보다 높이 있는가, (4) 뒷발의 뒤꿈치가 들려 있는가. 이것들은 체계적인 다운스윙과 좋은 리듬을 탔다는 증거이며 긴 거리 벙커샷을 할 때 반드시 필요한 것들이다.

두 팔을 죽 펴는 것은(아래) 공을 때렸다기보다는 클럽이 공을 스쳐 지나쳤다고 해야 한다. 두 팔이 곧게 펴져 있는 것으로 보아 공을 20m 이상 날려 보내는데 충분한 스피드가 만들어졌다는 것을 알 수 있다. 그 다음 두 손을 자연스럽게 높이 쳐든다. 여러분의 피니시 모습이 나와 같지 않다면 임팩트 할 때 모든 동작을 주춤한 것이다. 스윙 중 모든 동작을 주춤하여 연속적으로 연결하지 못하면 공이 바로 앞에 떨어지거나 벙커 탈출에 실패한다.

피니시는 자연스럽게 보여야 한다

여러분이 만들고 싶은 피니시의 모습이다. 몸이 자연스러운 모습이고 힘을 뺀 상태이다. 이 모습에서 내가 스윙 초기부터 긴장을 했다는 조짐은 찾아 볼 수 없다. 동시에 스피드를 만들어 내려고 몸의 특정 부분만을 강하게 사용했다는 흔적도 역시 찾아 볼 수 없다.

기술적으로는 주목할 만한 내용이 없다. 그러나 내 앞발은 어드레스 할 때와 똑같은 위치에 그대로 있으며 모래를 흩어 놓은 흔적도 없이 처음 스탠스 그대로다. 왼쪽 발 뒤꿈치는 체중이 앞으로 이동하고 피니시를 높게 하였기 때문에 살짝 들려 있다. 내 엉덩이는 회전을 하지 않았으나 어깨는 엉덩이보다 더 많이 회전하였다. 마지막으로 내 손을 보자. 힘을 빼고 클럽을 부드럽게 잡고 있다. 장갑낀 손등이 아직도 나의 반대편을 향하고 있는 것으로 보아 폴로스루가 거의 끝나는 이 시점까지 나는 클럽헤드가 닫히지 못하도록 클럽헤드의 회전을 억제하고 어드레스 그립을 고수하고 있다.

→ 모래에 파묻힌 공

모래에 묻힌 라이가 아마추어에게는 제일 두려움을 주는 샷이다. 아마추어들은 보기만 해도 주눅이 든다. 그래서 외관상 공을 쳐낼 준비가 끝났더라도 스스로의 자신감은 제로인 경우가 자주 있다. 공이 모래 속에 있다 해도 보기만큼 어려운 것은 아니다. 스핀 없이 툭 떨어지듯 모래를 탈출하기 때문에 홀에 붙이는 것이 물론 쉽지는 않다. 따라서 공이 얼마나 굴러가는지 알 수가 없다. 여기 매번 공을 모래 밖으로 탈출시키는 요령 두 가지가 있다. 특히 아마추어들이 불가능하다고 생각하는 공을 높이 띄울 수 있게 된다. 이유는 라이가 좋아서가 아니라 기술을 이용하기 때문이다. 가장 흔한 실수는 공을 하늘로 띄우려고 퍼 올리듯 스윙을 하는 것이다. 여러분도 이 상황이 되면 공을 탈출시키려고 필요 이상으로 힘을 쓰는 스윙을 한다. 힘을 이용한 스윙은 정확하게 공을 임팩트하기 어려워 실패를 만들어 낸다. 요령은 강력한 힘을 쓰는 스윙이 아니라 멋진 기술을 이용하는 것이다.

어드레스가 모든 것을 좌우한다

공을 스탠스 앞쪽에 놓고(왼쪽 위) 클럽페이스를 열어라. 손을 클럽보다 앞에 놓아 샤프트가 목표를 향해 약간 기울게 만드는 것이 중요하다. 샤프트를 기울이면 리딩에지가 돌출하게 되고 돌출된 리딩에지는 모래를 칼로 베듯 파고들어 간다(오른쪽 위). 동시에 클럽페이스를 열면 로프트가 커지고, 커진 로프트는 공을 하늘 높이 띄우도록 도와준다.

보면 믿게 된다

체중의 일부분을 앞발 쪽에 이
동하고 스윙하는 동안 계속 체
중의 분배를 유지하라. 손목코
킹을 이용하여 확실하게 내리
쳐라. 임팩트를 할 때 손은 클
럽보다 앞에 나가 있어야 한다
(왼쪽). 손이 클럽을 리드하면
클럽은 공보다 더 깊이 모래를
파고 들어가(위) 모래를 한줌
퍼 올린다. 어떻게 하면 공의
상표를 확인할 수 있는가? 답
은 공에 스핀을 주지 않으면
확인이 가능하다는 것이다. 공
이 하늘로 튀어 올랐다고 확인
되었어도 여러분은 아직도 클
럽을 아래로 스윙하고 있다는
느낌을 꼭 느껴야 한다.

클럽이 알아서 파고들어 가도록 맡기자

공이 파묻힌 경우 클럽이 모래를 깊게 파고들어 가길 원하지만 모래의 저항으로 의도한 만큼 모래를 파고들지 못한다. 그러나 클럽은 최소한 공보다 더 깊게 모래를 파고들어 가야 한다.

→ 피니시가 낮으면 굿샷 증거이다

모래가 무르거나 입자가 굵으면 공이 자주 묻히며 축축한 경우도 많다. 축축하면 표면이 굳어지는데 리딩에지가 아니면 모래를 파고들어 가기가 어렵게 된다. 혹시 앞에서 언급했던 폴로스루를 보면 스윙의 초기 동작을 추정할 수 있다는 것을 기억하고 있는가? 공이 묻혀있는 경우엔 이 말이 더더욱 잘 맞는다. 폴로스루가 완벽하고 높이가 낮게 만들어져 있다면 여러분의 손은 허리보다 낮은 위치에 있을 것이다(오른쪽). 이 자세는 클럽헤드가 공을 향하여 아래로 내리치는 궤도를 그렸다는 것을 증명하고 있다. 연습할 때 피니시를 낮게 하라고 본인에게 주문하라.

낮게 떠서 굴러가는 샷을 만들자

의도만 좋아서는 안 되고 실제로 의도한 결과를 만들어 내야 한다. 묻힌 공은 그린에 올라오는 즉시 정지하지 않는다. 묻힌 공은 라이가 좋은 공보다 항상 낮게 뜬다(왼쪽). 묻힌 공을 가장 잘 쳐내는 핵심은 탈출 전략을 잘 세우는 것이다. 바로 앞에 높은 턱이 있으면 홀을 직접 공략하지 못해도 높은 턱에서 멀어지는 방향으로 플레이한다. 그린에 여유가 거의 없는데 끝까지 홀을 직접 공략하려고 혼자 똑똑한 짓 하지 마라. 1m 원도 때로는 목표의 대상으로 해서는 안 된다. 주변 상황을 보아 고정관념을 버리고 적절하게 대처하라.

→ 실전 레슨

›

라이가 좋고 모래가 단단하지 않은 곳에서 공을 높이
띄우고 있다. 두 팔과 양손이 편하게 뻗어 있으며 얼굴
에도 무리하게 스윙을 하고 있다는 표정이 없다. 플로
스루의 길이를 보면 클럽이 가속을 만들며 공을 지나갔
지만 풀스윙을 한 것은 아니다. 모래가 튀어 오르는 모
양을 보면 공 뒤 5~7cm가 타점이다. 짧은 샷을 할 때
는 공만 쳐올리겠다는 생각은 버려야 한다.

‹

긴 50m 벙커샷이다. 만들어 낼 수 있는 최대의 스피드
로 공을 쳐내고 있다. 몸 전체로 스윙을 하고 있다. 디
봇이 아주 얕게 만들어지고 있다. 모래를 더 많이 쳤더
라면 공은 바로 앞에 떨어졌을 것이며 반대로 모래를
조금만 쳤다면 공은 그린을 넘어 갔을 것이다.

›

또 다른 긴 거리 벙커샷이다. 모래가 없다고 생각하고
이 사진을 보면 페어웨이에서 플레이하는 것처럼 보인
다. 여기서는 60도 웨지를 사용하지 않고 있다. 샷의 준
비자세로 보아 로프트가 작은 클럽을 사용하고 있다.
이 정도 긴 거리 샷을 할 때 두 다리는 지면과 밀착되
어 있어야 한다. 실제로 나는 두 발을 모래 속에 단단
히 고정시키고 있다.

그린 옆 벙커샷으로 거리와 높이를 동시에 만들어 내야 한다. 여기서도 나는 두 팔과 양손 모두에 가속을 붙였다. 폴로스루를 하는 자세를 보면 임팩트 후에도 클럽페이스를 열어 놓고 있다. 두 팔과 양손의 모습을 보면 클럽페이스가 계속 열려 있다.

피칭을 할 때
짧은 거리를 조정하려면
클럽페이스, 공의 위치
그리고 두 팔의 스윙 속도를 이용한다.

149

 Pitching

피칭

경기가 순조롭게 풀리고 있어 나는 2006년 마스터스 마지막 라운드를 즐기고 있었다. 나는 한 타 차이로 선두에 있었고 동반자는 오랫동안 친하게 지내온 프레드 커플스Fred Couples 였다. 첫 티샷의 느낌과 상관없이 좋은 샷을 많이 쳐야 하는 상황임을 알고 있었다. 프레드와 우정을 나누는 동안 그는 나보다 한 타 많았고 두 타 더 많은 선수는 일곱 명이나 되었다. 즐겁게 걸어가고 있었으나 공원에서 산책을 하고 있다는 기분은 전혀 아니었다. ❯

프레드가 첫 홀에서 버디를 한 후 동타가 되었다. 그 후 우리 둘은 7번 홀까지 계속 파를 했다. 나는 2.5m 거리를, 프레드는 약 1.2m 버디를 성공시켜 또다시 동타가 되었다. 후반 아홉 홀에서 점수를 기대했지만 약간의 분위기 전환이 필요했다. 프레드는 게임을 잘 풀어 나갔으며 마스터스대회 2회 우승자인 호세 마리아 올라자발 Jose Maria Olazabal은 한 타 뒤에 있었다.

8번 홀 파 5에서 두 번째 샷이 짧아서 그린까지 35m를 남기고 있었다. 그린 중앙에 능선이 있었고 깃대는 그린 뒤쪽에 있었다. 프레드는 두 번 만에 그린에 올랐으나 거리가 짧아 능선보다 아래에 있어 이글은 어렵게 됐다. 나는 능선을 넘기되 뒷핀을 지나쳐서는 안 되는 상황이었다.

•   •   •

나는 같은 상황의 샷을 몇 년 전 어거스타 11번 홀에서 본 기억이 있다. 그날 나는 선두를 추격하고 있었고 실수는 용납되지 않았다. 1987년 연장전에서 어프로치가 오른쪽에 떨어져 그린을 넘어가 그렉 노먼 Greg Norman을 상대로 래리 마이즈 Larry Mize가 칩을 성공시킨 지점의 왼쪽에 공이 섰다. 래리의 런닝칩은 연장전을 종료시킨 것으로 스피드를 줄이면서 공을 홀컵으로 굴러 들어가게 했다. 내 샷은 벙커를 넘어 홀컵의 좌측으로 떨어진 후 역회전을 이용해 공을 감속시키면서 내리막을 지나가야 한다. 그린 건너편엔 물이 나를 기다리고 있었다.

두 경우 모두 어거스타와 같이 라이가 좋은 편은 아니었다. 따라서 정확한 거리를 쳐야 하고 비거리가 짧아도 공을 빨리 정지시켜 내리막을 타도록 샷을 해야 했다. 동시에 거리뿐만 아니라 앞에 있는 장애물을 넘기기 위해선 공을 높게 띄워야만 하는 상황이었다.

•   •   •

30~50m 거리의 웨지샷은 하프웨지라 불리기도 하며 어려운 샷이다. 그 이유는 백스윙은 평상시와 같이 크게 하고 다운스윙을 하면서 속도를 줄이거나 손목을 많이 사용하여 다운스윙을 할 때 클럽헤드가 손보다 앞서 나가기 때문이다. 클럽헤드가 손보다 먼저 나가는 범실이 웨지샷에서 나타나는 범실 중 최악이다. 이 샷은 손목을 코킹하는 칩샷으로 스윙만 크게 하면 된다. 풀스윙은 아니지만 칩보다는 동작이 커야 한다. 칩과 같이 손목코킹을 하고 피니시를 할 때 가속을 하면 팔과 클럽이 같은 속도로 운동하게 되어 거리 조절을 쉽게 할 수 있다. 그리고 리딩에지와 바운스의 각이 임팩트를 하는 내내 일정하면 샷도 일관성을 띠게 된다. 이 연습을 충분히 하면 30~50m 샷을 할 때 공의 비거리를 알게 된다. 공의 비거리를 알게 되면 이제 꿈의 1m 원 안에 공을 넣을 수 있게 되고 한 번의 퍼팅으로 홀을 마칠 수 있게 된다.

11번 홀에서 내가 한 피칭은 약 20m 되는 벙커와 능선을 넘어 갔다. 스핀의 효과로 공의 힘이 줄어들어 굴러가면서 홀로 떨어졌다. 버디를 하면서 선두 조에 합류하였다. 나는 3위로 그날 경기를 끝냈다.

2006년 마스터스 8번 홀에서는 근 40m를 굴러가 홀컵 30cm에 붙었다. 프레디가 퍼팅을 세 번 하여 파를 하고 나는 버디를 했다. 나는 리더가 되었고 상승세를 타 두 시간 뒤에 두 번째 그린재킷의 주인공이 되었다.

긴 거리 칩은 좀 더 공격적으로 스윙을 해야 하며 폴로스루도 크게 한다.

→ 기본으로 돌아가자

피치샷은 칩을 크게 한 것에 불과하다. 기본 원리는 칩과 똑같고 스윙도 같은 이론에서 출발한다. 기본적인 칩샷과 피치샷은 어떻게 다른가? 차이가 있다면 스피드와 스윙의 크기다. 피치샷은 칩핑으로 할 수 없는 다양한 샷을 만들어 낼 수가 있다. 피칭은 팔의 움직임, 손목의 코킹, 어깨 회전 그리고 하체의 이용 등을 칩샷보다 더 크고 길게 한다. 그 결과 클럽헤드의 속도를 더 많이 만들 수 있다. 기본 원리에 가속만 붙여 주면 공으로 할 수 있는 다양한 기술을 만들 수 있다. 스피드는 역회전을 증가시키고 공을 더 높이 띄울 수 있으며 어려운 라이에서도 굿샷을 가능하게 해준다. 피치샷은 그린 주변에서의 높고 부드러운 샷과 아마추어들이 겁내는 30~50m 하프웨지샷 모두를 말한다.

손목코킹을 하지 않으면 모든 쇼트게임을 망치는 수가 있다. 스윙의 크기가 클수록 손목의 역할은 더더욱 중요해진다(아래 오른쪽). 여러분이 의도적으로 손목코킹을 계속하고 있다 해도 임팩트를 할 때 약간씩 코킹이 풀어진다. 클럽헤드의 속도를 내려면 그만큼 손목코킹도 더 많이 해야 한다. 임팩트를 할 때 클럽헤드가 가속을 내면서 공을 지나가게 하려면 손목코킹 없이는 불가능하다.

거리에 따라 셋업을 달리 한다

백스윙을 시작하기 전임에도 불구하고 여러분은 나의 셋업 중 두 가지를 보고 내가 어떤 샷을 준비하는지 대답할 수 있다. 하나는 공의 위치로 스탠스 중앙에서 뒤쪽에 있으므로(바로 오른쪽), 나는 탄도가 낮은 샷을 준비하고 있다. 두 번째는 클럽페이스 위치로 리딩 에지가 목표를 직각으로 향하고 있으므로 공을 낮게 쳐서 상황에 유리한 탄도를 만들려 한다.

공을 클럽에 붙이면 구질은 좋아진다

여러분의 손을 클럽보다 앞서게 만들고 목표를 향해 샤프트를 살짝 기울이는 목적은 임팩트를 힘 있게 하기 위해서다. 모양이 변형될 정도로 클럽 면에 공이 달라붙게 하는 시간을 길게 하면서 임팩트를 하고 나면 공 자체의 반발력으로 클럽페이스에서 튀어 오르면서 역회전과 탄도가 높아진다. 공을 정확하게 쳤다면 거리 제어력이 높아진다. 특히 바람이 불 때.

샤프트를 앞으로 약간 기울인다

피치샷은 50m를 넘지 않기 때문에 두 손만 이용해도 스피드를 만들 수 있다. 임팩트를 할 때 손은 클럽보다 항상 앞에 있어야만 한다. 공을 임팩트 할 때 샤프트가 목표를 향해 기울어져 있으면 손이 앞서 가고 있다는 증거이다. 샤프트가 뒤쪽으로 기울어져 있으면 공을 잘못 쳤다는 증거이다.

→ 기본은 변하면 안 된다

언뜻 보면 일류 선수들은 각기 다양한 스타일의 스윙을 하고 있다는 느낌을 받는다. 확실히 비제이 싱 Vijay Singh과 파드리그 해링턴 Padraig Harrington의 스윙은 다르다. 특히 쇼트게임은 다른 것처럼 보인다. 그러나 비제이나 파드리그(나도 마찬가지)의 템포, 리듬, 매너리즘은 다양하지만 기술적인 측면에서 보면 우리 모두는 같다. 여러분이 우리 세 명의 느린 동작을 보면 피치샷을 할 때 우리의 백스윙은 항상 폴로스루보다 작다는 것을 알 수 있다. 특히 거리가 짧은 샷을 할 때는 분명하게 나타난다. 임팩트가 이루어질 때 손은 항상 클럽보다 앞에 있으며 공이 날아간 뒤에도 손목의 코킹을 어느 정도 유지하고 있다. TV를 보면서 일류 선수들을 따라 하려면 중요한 장면만 집중할 수 있도록 눈을 훈련시켜야 한다. 기본은 철저히 보고 나머지는 심심풀이하듯 관람하자.

**짧은 피치샷에서
코킹 유지하기**

드라이버나 우드로 풀스윙을 할 때 선수들은 손을 포함한 몸 전체로 파워를 만들어 낸다. 이 경우에는 폴로스루로 들어가면서 클럽헤드가 손보다 앞서 나가는 것을 볼 수 있다. 그러나 피치샷에서 클럽헤드가 앞서 나가는 경우는 절대 없다(오른쪽). 이유는 클럽을 컨트롤하기 위해서다. 여러분은 더도 덜도 말고 정해진 거리만큼 공을 보내야 한다. 손의 움직임을 적게 하면 거리 조절을 잘 할 수 있게 된다.

거리를 내려면 팔을 죽 펴라

스윙 속도가 빠른 긴 거리 피치샷은 폴로스루를 할 때 두 팔을 죽 펴야 한다(위). 두 팔 모두를 죽 펴고 클럽도 두 팔의 연장선 상에 놓아야 한다. 이 동작은 임팩트가 끝나도 두 손은 계속 스윙 운동을 해야만 가능하다. 손동작을 절대 멈추지 마라(왼쪽). 좋은 샷을 할 수 있는 기회는 그 순간 사라져 버린다.

클럽페이스가 직각이면 길고 낮아진다
거리와 탄도를 제어하는 가장 좋은 방법은 어드레스 할 때 클럽페이스의 위치에 변화를 주는 것이다(아래).
클럽페이스를 직각으로 놓고 공을 스탠스 뒤쪽에 놓거나 팔을 앞으로 살짝 밀면 로프트는 작아진다.

→ 거리 조절 비법

여러분은 거리를 늘리고 줄일 때 스윙의 크기를 다르게 한다. 나도 가끔 같은 방법을 쓰지만 감각이 아주 좋아야 가능하다. 보다 효과적인 기술은 ─ 특히 30~50m 같이 어려운 거리 ─ 공의 위치를 이동하거나 클럽페이스를 열고 닫는 것이다. 이 두 가지를 적절히 이용하면 스윙의 속도나 크기를 바꾸지 않고도 거리 제어를 확실하게 할 수 있다. 거리 제어에는 연습과 모험정신이 필요하며 일정한 법칙이 있다. 클럽페이스를 과도

높은 탄도를 원하면 클럽페이스는 열고 공은 앞에 놓는다

공을 높이 띄우려면 클럽페이스는 열고 공은 스탠스 앞쪽에 놓는다(아래). 이와 같은 요령으로 셋업을 끝내고 스윙은 평소 하던 방법 그대로 한다. 스윙을 조작하여 공을 띄우려는 생각은 하지 마라. 특히 공을 올려치려는 시도는 아예 마음도 먹지마라.

하게 닫아 공을 파내듯 치는 것은 피해야 한다. 차라리 로프트는 작아도 클럽이 공을 가볍게 치고 지나가게 해야 한다. 공을 스탠스 뒤에 놓으면 아주 가파른 스윙을 해야만 공을 쳐낼 수 있다. 따라서 공을 지나치게 뒤쪽에 놓는 것도 피해야 한다. 상황에 따라 공의 위치와 클럽페이스 여는 것을 적절히 섞어서 응용하라. 그러면 재미도 있고 결과도 좋게 나온다.

**낮은 탄도를 원하면,
공은 뒤에, 클럽은
수직으로 놓는다**

오른쪽 사진에 두 개의 깃대
가 그린 위에 있다. 지금 나는
왼쪽 깃대를 겨냥하고 있다.
좌측 깃대는 그린 뒤쪽 오르
막 능선 위에 있다. 공을 깃대
까지 직접 날려서 곧바로 정
지시키는 샷은 어렵다. 공이
너무 뜨면 거리가 짧고 그린
까지 굴러가지 않을 것이며,
너무 길면 내리막 퍼팅을 해
야 한다. 최선의 방법은 공을
낮게 띄워서 그린 중앙에 떨
어뜨린 후 능선을 굴러 올라
간 다음 홀에 접근시키는 것
이다. 나는 클럽페이스를 직
각으로 놓고 이 조건에 맞는
낮은 탄도의 샷을 계획하고
있다. 그래서 공을 스탠스 중
앙에 놓고 있다. 공을 더 이상
스탠스 뒤쪽에 놓을 필요는
없다.

→ 여러 요소를
모두 고려하라

그린에 공을 올릴 때 상황에 따라 샷을 다르게 한다. 아마추어는 페어웨이부터 그린 중
앙까지 거리를 계산하는 데만 집중한다. 사실 거리만 따지는 것은 도움보다는 손실이
더 크다. 그린을 공략할 때는 홀컵의 위치, 바람의 속도와 방향, 그린의 굳은 정도, 그
린을 설계한 의도(능선이 두 개 있는 그린이 많다), 그리고 퍼팅선 상의 전반적인 경사 등을
모두 고려해야 한다. 이 모든 것을 고려하면 여러분이 공을 얼마나 멀리 띄울 것인지,

짧고 정확한 백스윙을 하라

내가 볼을 낮게 띄우고 클럽의 로프트를 작게 하였기 때문에 짧고 높은 탄도를 만들 때 필요한 만큼의 클럽 스피드는 지금으로서는 필요하지 않다. 다만 손목코킹을 이용해 백스윙 크기를 작고 정확하게 만들고 있다. 테이크어웨이를 하면서 손목코킹을 완성하고 백스윙의 크기는 팔이 아닌 코킹을 이용하여 조절한다. 클럽헤드가 어떻게 보이는가? 리딩에지가 하늘보다는 지면 쪽을 더 많이 가리키고 있다. 이는 클럽페이스를 부채모양으로 열지 않고 공에 직각 방향으로 유지하고 있다는 증거이다. 이런 종류의 피치샷을 할 때는 하체를 고정시키고 어깨 회전을 적게 하라.

어떤 궤도로 공을 띄울 것인지, 스핀은 어느 정도 줄 것인지를 결정해줄 것이다. 다음 몇 쪽에 걸쳐서 페어웨이의 똑같은 지점에서 서로 다른 두 가지 샷을 어떻게 하는지 보여줄 것이다. 그린은 크기가 약 40m 되며, 공략하는 위치에 따라 홀까지의 여건이 전혀 다르다. 공을 1m 원 안에 넣으려면 각 위치마다 각기 다른 탄도가 나오도록 공을 쳐야 한다.

가파르게 공을 쳐라

탄도가 낮은 공을 구사할 때 정확한 타점을 만들기 위해선 공이 클럽페이스에 붙어다니는 감을 느껴야 한다. 공을 스탠스 중앙에 놓고 공의 뒷부분을 경사가 급한 각도로 강하게 내리쳐야 한다. 오른쪽 사진에서 폭발하듯 만들어지는 디봇을 보고 내가 얼마나 가속을 붙였는지 또 백핀을 향해 어떻게 공을 낮게 날리는지 설명할 수 있을 것이다. 나는 어드레스 때 직각으로 만든 클럽페이스를 그대로 고수하고 있다. 스윙은 손과 팔이 주도하고 있다.

높은 피치샷

→ 아래를 향해 치면서 공을 지나가라

많은 골퍼들이 이 샷을 '펀치샷' 이라고 하나 내 생각엔 펀치샷과는 공을 치는 방법이 다르다. 펀치샷이라면 임팩트와 동시에 스윙을 끝내서 폴로스루의 일부 동작을 생략하는 기술이다. 펀치샷은 클럽을 공으로 가져가는 과정에서 손을 많이 사용하는 기술이라 나는 좋아하지 않는다. 잘 해도 임팩트가 이루어질 때 샤프트 각이 좋지 않아 로프트가 증가할 뿐이며, 못하면 가속을 잃어버려 클럽헤드가 손보다 앞서게 되어 최악의

**낮은 피니시에는 스윙의
흔적이 배어 있다**

낮은 피치샷을 하려면 공을 땅
에서 잘라내듯 예리한 스윙을
해야 한다(왼쪽). 폴로스루가
낮고 짧은 것은 무리한 힘을
이용하여 스윙을 하지 않았다
는 증거이며, 무리한 힘을 가
하지 않았기 때문에 내 손은
허리 높이까지만 올라와 있는
것이다. 공이 빠른 속도로 클
럽을 떠나갔어도 역회전은 상
당히 많이 걸려 있다. 그린에
빠르게 올라와서 두 번 튄 다
음 정지하듯 약하게 한 번 더
튄다. 공은 능선을 쉽게 올라
가고 충분한 운동력이 있어 홀
근처까지 간다. 그 후 피치샷
의 최종 목표인 1m 원 안에 공
이 들어간다.

결과가 나타난다. 클럽이 공을 내리치면서 지나가는 스윙을 해야지 공을 단순히 맞추
기만 하는 스윙을 해서는 안 된다는 것을 명심하자. 다른 샷을 할 때와 같이 피니시를
할 때는 두 손에 가속을 붙여야 한다. 피니시는 짧을 수 있다. 그러나 팔, 손, 클럽헤드
는 다운스윙 시작부터 속도감이 있어야 한다. 스윙의 축소판이지 펀치샷은 아니다. 따
라서 폴로스루도 축소형으로 한다.

→ 높은 탄도가 요구되는 두 번째 핀

내가 시범을 보이는 그린을 두 개의 그린이라 보면 된다. 다른 큰 그린과 같이 그린이 앞부분과 뒷부분으로 나누어진다. 깃발은 둘 다 그린의 뒤쪽에 꽂혀 있다. 내가 플레이하는 오른쪽 깃대는 왼쪽 깃대보다 30m 더 뒤에 있다. 좌측 깃대와는 달리 능선을 넘어 뒤쪽에 공을 떨어뜨려야 유리하다. 그 이유는 깃대 주변 그린이 넓어서 샷을 길게 해도 무리가 없다. 따라서 공이 능선을 넘지 못하고 뒤로 굴러내려 올 확률이 적기 때문이다. 우측 깃대는 공의 탄도를 낮게 하여 공략할 수 있으나 1m 원 안에 공을 접근시키는 것은 어려울 수 있다. 이 상황에서 가장 좋은 공략은 60도 웨지를 이용해서 공을 높게 띄우는 일반적인 피치샷을 하는 것이다.

공을 앞에 놓으면 비거리가 증가한다

나는 탄도 높은 샷을 구상하고 있지만 플롭샷은 아니므로 과격한 스윙은 하지 않는다. 60도 웨지의 로프트를 가장 잘 살리는 평범한 피치샷을 준비하고 있다. 낮은 탄도를 만들 때는 평상시보다 스탠스 앞쪽에 공을 놓는다. 샷을 하기 전 한 번 더 어드레스를 점검하면 공이 잘 뜬다.

로프트가 크면 스피드를 높여야 한다

높은 탄도의 공을 원하면 에너지도 더 많이 필요하다. 동시에 공의 비거리도 확보해야 하므로 클럽헤드에도 더 큰 스피드가 필요하다. 탄도가 낮은 샷을 구사했을 때보다 백스윙을 크게 하고 다운스윙을 할 때는 좀 더 공격적으로 한다. 사진은 비록 긴 클럽을 사용하고 있으나 6번 클럽과 같은 스윙 느낌은 없다. 내가 하는 피치 샷은 일반적인 칩샷을 큰 동작으로 모양만 바꾼 것과 같다.

공을 앞으로 끌고 간다

공이 스탠스 앞쪽에 있을 때 클럽이 앞발 뒤꿈치를 지나가면서 스윙의 최저점이 되도록 하려면 일종의 근육긴장을 느껴야 한다. 방법은 다운스윙을 할 때 (오른쪽) 목표를 향해 몸을 살짝 기울이는 것이다. 그리고 공을 가파른 각으로 내리치면서 두 손과 클럽헤드를 목표를 향해 이동시키는 것이다. 임팩트 할 때 손을 클럽보다 약간 앞에 두면 클럽이 헤드에 공을 붙이고 다니듯 공을 타격하게 되어 공은 튀어 오르듯 날아간다. 끊어짐 없이 가속을 붙이는 것 또한 잊지 마라. 그렇다고 다운스윙을 무조건 급하게 해서는 안 된다.

→ 샷에 꼭 필요한 기술들

경사진 곳에 있는 홀컵을 목표로 피칭을 한다는 것이 쉽게 보일지 모르지만 일반 골퍼들에게는 사실 상당히 어려운 샷이다. 정확한 거리를 보내야만 한다. 짧은 스윙을 할 때도 역회전을 많이 걸어야 한다. 정교한 임팩트를 해야 하나 잘 다듬어지고 딱딱한 페어웨이 때문에 라이가 나쁜 상황에서 정교한 임팩트는 희망사항일 뿐이다. 시도하기가 쉽지 않다. 또한 대부분의 아마추어들은 심한 중압감 때문에 탄도가 낮은 샷을 하는데 이는 큰 실수

피니시가 높으면 탄도도 높아진다

높은 피치샷의 스윙은 짧은 거리를 칠 때보다 부분적으로 길기 때문에 폴로스루도 똑같이 길어야 한다. 다음 두 가지 이유 때문에 장갑을 끼지 않은 손은 피니시 때 높게 들려 있어야 한다. 첫째, 짧거나 탄도가 낮은 피치샷을 할 때보다 가속을 더 크게 주어서 그 힘이 폴로스루를 길게 만들었다. 둘째, 공이 스탠스 앞쪽에 있으므로 두 손은 임팩트가 끝나자마자 급하게 들어 올려졌다. 이 샷에서 엄청난 역회전이 걸리는 것은 공이 스탠스 앞쪽에 있었으며 공을 고각으로 급히 내리쳤기 때문이다. 따라서 공은 그린에 떨어지자마자 곧바로 멈출 것이다.

가 없고 스윙이 비교적 쉬운 반면 공을 홀컵에 붙이는 것을 기대하기는 어렵다. 가장 중요한 것은 다운스윙을 하기 전에 이미 클럽을 어떻게 가져가야 하는지에 대한 확고부동한 마음의 결정이 반드시 있어야 한다는 것이다. 샷을 하는 목표는 비록 공을 스탠스 앞쪽에 놓았더라도 가파른 각도를 유지하면서 임팩트를 완수하는 것이다. 이때 가상의 탄도를 머리에 그리면서 샷을 하면 샷 만들기가 보다 수월해진다.

가파른 스윙은 문제만 만든다

아우트 인 스윙이 확실하다. 플레이어는 클럽을 바깥쪽으로 빼기 때문에 백스윙 톱에서 샤프트가 수직으로 서 있다(오른쪽). 백스윙을 시작하기 전에 이미 좋은 샷은 물 건너갔다. 왜냐하면 톱으로부터 다운스윙은 매우 급하게 내려올 수밖에 없을 것이고 클럽도 공을 향하여 밖에서 안으로 들어오기 때문이다. 공을 정확하게 칠 확률이 절반으로 줄어들고 역회전을 만들 수 없을 것이다. 방향도 마음같이 똑바로 보내지 못할 것이다.

→ 아우트 인 스윙은 절대 사절

벙커샷에서 배운 기술 중 하나는 스탠스를 오픈시킨 후 다운스윙을 양발 끝선과 평행한 경로를 따라 밖에서 몸 안쪽을 향해 들어오는 스윙을 하는 것이다. 이미 언급했듯이 나는 그 기술을 좋아하지 않는다. 나는 모든 쇼트게임에서 클럽헤드는 오랫동안 타깃을 향하여 이동해야 정확도가 높아진다고 믿고 있다. 정확하게 말하면 클럽헤드는 양발 끝선과 깃대선 사이에서 이동해야 한다. 여러분의 경우 처음에는 타깃을 향해 스윙해야 한다. 그 후 실력

아웃 인 스윙은 샹크 제조기

클럽을 열고 아웃 인 스윙으로 공을 치면 클럽의 페이스보다는 호젤 부분이 먼저 공에 닿게 된다. 그 결과를 두 장의 사진 모두에서 볼 수 있는데 지독한 샹크가 나면서 공이 옆으로 튀어 오른다. 아주 나쁜 경우를 언급했지만 그 외에도 미스샷이 많이 나온다. 여러분 역시 공을 두껍거나 얇게 칠 가능성이 높으며 방향도 빗나가게 된다. 운이 좋아 공을 잘 쳤더라도 거리에 문제가 생긴다. 이런 공은 지면에 떨어진 후 불규칙하게 튄다.

이 향상되면 스윙 경로를 수정한다. 그러나 어떤 어려움이 있더라도 아웃 인 스윙과 이제 내가 보여주는 공을 깎아 치는 버릇은 근절시켜야 한다. 이런 오류를 범하는 사람들이 무척 많다. 자! 아웃 인 스윙을 했다. 잘 쳤다면 공을 얇거나 두껍게 맞혔을 것이고, 못 쳤다면 지독한 샹크를 낼 것이다.

→ 짧고 부드러운 피치샷

가까운 비거리에 가벼운 안착이 요구되는 짧은 피치샷에서 해서는 안 될 행동을 이미 알고 있기에 이 샷을 잘하는 방법에 대해 알아보자. 올바른 방법으로 했을 때 얻어지는 결과는 엄청나다. 첫째, 정확한 타격을 해야 한다. 클럽페이스가 공을 오차 없이 타격해 역회전이 만들어지고 이 역회전은 공을 부드럽게 그린에 떨어뜨려 홀까지 직접 굴러가게 한다. 둘째, 정확한 타격은 스윙이 작으면서도 집중된 힘이 요구되기 때문에 실수를 해도 결과가 크게 나쁘지는 않게 된다. 이 스윙은 리듬과 타이밍을 개선해주고 경직된 힘을 느슨하게 해준다. 마지막으로 클럽이 몸과 일체가 되어 적당한 가속으로 공을 타격하여 거리에 대한 모든 감이 좋아진다. 골프에서 말하는 진리 중 하나는 올바른 방법은 결과도 좋지만 따라 하기도 쉽다는 것인데, 바로 이 샷을 두고 하는 말이다.

먼저 코킹을 하고 그 후 안쪽으로 백스윙하라

스탠스를 약간 오픈한 다음 클럽페이스를 목표에 수직하게 놓아라(A). 코킹을 한 다음 클럽을 안쪽으로 테이크어웨이 하라. 백스윙의 크기는 팔의 사용을 억제하고 코킹으로 조정하라. 과다한 스피드는 필요가 없다.

손으로 클럽을 리드하고 클럽페이스는 직각을 유지하라

손목을 코킹하여 손과 클럽페이스가 목표를 향하도록 한다(B). 내가 만든 디봇의 파편들이 가까운 거리지만 목표를 향해 날아가고 있다. 임팩트가 끝난 후에도 손이 방향을 주도하고 있다.

가속을 붙여 팔을 죽 편다

벙커를 안전하게 넘어가고 떨어진 즉시 공을 정지하게 하려면 클럽페이스는 임팩트부터 폴로스루까지 어드레스 때 만든 직각을 그대로 유지해야 한다(C). 가속을 붙인 결과 두 팔은 피니시에서도 곧게 펴져 있다.

하프웨지샷을 할 때는 항상 공격적으로 해야 한다. 여러분이 장타를 치지 않더라도 서둘러서는 절대 안 된다. 무리 없는 백스윙을 해서 클럽을 공으로 편안하게 끌고 가는 다운스윙을 만들어야 한다. 제2장에서 설명한 4단계 절차에 따라 스윙을 준비하라. 거리에 따라 클럽페이스를 여는 정도가 달라진다. 마지막으로 손목코킹을 이용하여 백스윙을 작게 하라.

→ 피하고 싶은
하프웨지샷

골프에서 가장 피하고 싶은 샷은 30~50m 피치샷으로 '미운오리새끼'라 불리며 핸디가 낮은 골퍼도 피하고 싶어 한다. 많은 골퍼들도 풀스윙 거리를 선호하지, 이 거리는 스윙을 컨트롤하기 어렵기 때문에 피한다. 풀스윙보다는 반쪽 스윙이 리듬을 타기 어렵기 때문에 더 어렵다고 생각한다. 동시에 스윙 폭을 어느 정도 해야 하는지 결정하

손보다는 팔이 스피드를 만든다

이 샷에서는 공을 아주 정확하게 쳐내야 하기 때문에 가급적이면 움직이는 몸의 부위가 없어야 한다. 다운스윙에서 여러분의 팔이 공을 공격적으로 치고 지나가는 스윙을 하고 있는가에만 집중하라. 손은 잊어버려라. 그래서 손목이 임팩트를 할 때 자연스럽게 풀리도록 놔두자. 앞서 말한 4단계 절차를 통해 클럽페이스를 충분히 열고 백스윙 크기를 조절했다면 공이 너무 멀리 날아가지나 않을까 하는 걱정을 할 필요가 없다. 아무리 어렵다 해도 반드시 클럽보다 공을 먼저 보내는 임팩트를 해야 한다. 이때 가속은 두 팔로 만들어 낸다. 손, 팔, 클럽 중 어느 하나도 엉거주춤한 다운스윙을 해서는 안 된다.

기도 쉽지 않다. 정확도가 요구되는 동시에 자주 하는 샷도 아니고 세이브를 만들어 내야 하는 중압감마저 있는 샷이다. 하프웨지샷은 보통 파 5의 세 번째 또는 드라이브를 실수한 파 4의 세 번째 샷으로 하는 경우가 많다. 이렇게 어려운 상황에 닥치면 – 여러분도 예외는 없다 – 한번 해볼 가치가 있다.

→ 기울인 샤프트를 그대로 가져가라

30~50m 피치에서는 거리 조절이 핵심이다. 팔의 속도는 스윙의 전부가 아니다. 여러분의 클럽페이스 로프트는 어드레스 할 때 조정한 그대로 꼭 유지해야 한다. 오른쪽 위 사진에서 클럽이 공과 접촉하기 직전 샤프트가 얼마나 목표를 향해 기울어져 있는가를 볼 수 있다. 임팩트가 될 때 샤프트의 기울기는 임팩트 전과 똑같으며 임팩트가 끝난 직후에도 계속 목표를 향해 기울어져 있다. 샤프트의 기울기가 계속 같으면 로프트도 변하지 않았다는 증거이다. 마지막으로 클럽 면이 닫히는 문제이다. 다운스윙을 하면서 손목을 회전시키면 클럽페이스도 손목을 따라 똑같이 회전하여 클럽페이스가 닫히게 된다. 클럽페이스가 닫히면 로프트가 낮아진다. 그 결과 공은 여러분이 의도했던 것보다 낮게 그리고 멀리 날아간다.

디봇은 얕고 넓게 만들자

긴 거리 피치샷은 클럽이 낮은 각도로 공을 향해 들어와야 하며(위), 아래로 향하는 스윙은 금물이다. 이때 디봇은 얕게 만들어지고(아래) 클럽의 각도에 따라 깊이가 좌우된다.

스피드는 키우되 릴리스는 하지 마라

폴로스루가 완벽하면 클럽페이스는 하늘을 향하게 된다. 내가 손을 돌리지 않고 릴리스를 했다는 증거이다. 손동작은 거의 없이 팔의 스윙 속도만 이용하여 거리를 통제했다.

백스윙보다 피니시를 길게 하라

비록 백스윙 길이는 임의로 조정했지만 폴로스루는 그럴 필요가 없다. 폴로스루의 길이는 백스윙 길이보다 항상 길어야 한다. 폴로스루의 긴 길이는 가속을 붙이면서 공을 쳤다는 사인이다.

짧은 샷에 백스윙이 너무 길다

오른쪽 사진에서 나는 30m 피치샷을 하고 있다. 백스윙은 짧은 샷을 하기엔 너무 길다. 백스윙이 크기 때문에 어깨가 과도하게 회전하거나, 발, 무릎, 엉덩이 등 몸의 각 부분이 움직이게 된다. 이런 동작은 모두 소용없고 실수만 유도한다. 역학적으로도 짧은 백스윙은 50m 거리에 아주 적합하다. 칩핑을 할 때는 몸의 움직임이 작을수록 좋다.

→ 스윙을 너무 크게 하지 마라

백스윙이 너무 긴 것과 너무 짧은 것 중 하나를 택하라면 나는 짧은 것을 택하겠다. 여러분 팔의 스윙이 너무 짧다면, 여러분은 손목코킹을 이용해 다운스윙을 할 때 가속을 더 붙여 짧은 스윙으로 예상되는 짧은 거리를 보상하려고 늘려 칠 수 있다. 백스윙이 길면 두 가지 선택 중 하나의 다운스윙을 할 수밖에 없다. 다운스윙을 느리게 하여 클럽을 공에 편안하게 가져가는 것이 첫 번째 선택으로 클럽과 공의 접촉이 정교하지 않다. 두 번째 선택은 좀 더 악성으로 다운스윙을 시작할 때보다 클럽의 속도를 늦춰가면서 임팩트를 하는 방법이다. 감속하는 스윙은 여러분의 골프 기술을 통째로 무너뜨리기 때문에 여러분이 칩핑에서(혹은 풀스윙에서) 할 수 있는 실수 중 최악에 해당한다. 스윙도중 감속을 하면 대부분의 샷이 얇거나 두꺼우며, 거리와 방향을 제어하지 못하게 된다. 이 책에서 제시한 최악의 샷 모두가 만들어지는 것이다.

감속의 혹독한 대가

백스윙을 하는 목적은 힘을 만들고 이를 모아 두기 위해서다. 만일 여러분의 백스윙이 크다면 과다한 에너지를 만든 것이다. 다운스윙을 하면서 여러분의 손을 느리게 움직이거나 아예 정지시키기도 한다. 이때 손목의 코킹은 풀어지고 클럽은 자연히 공의 뒤를 향하여 릴리스 된다. 결과는 두껍게 맞아 그린에 올리기는커녕 홀 근처에도 못 미친다. 지나치게 긴 백스윙과 엉거주춤 하는 다운스윙을 했다는 확실한 증거는 클럽이 손을 지나치고 있는 것을 보면 나타난다(왼쪽과 작은 사진). 골프에서 가장 흔히 나타나는 실수이며 예방도 가능하다.

KPMG

CA 챔피언십 대회 중 단단한 라이에서의 샷. 짧은 거리를 내기 위해 큰 스피드를 만들어 내면서 볼을 먼저 치고 그 다음 디봇을 만들고 있다. 팔이 앞으로 죽 뻗는 동작과 하체 움직임은 가속 스윙을 했다는 제2의 증거이다.

짧은 피치도 클럽헤드의 스피드는 어느 정도 만들어 주어야 한다. 2009년 노던트러스트이며, 공이 묻혀 있었기 때문에 내 클럽헤드는 잔디를 파고 지날 때 운동력을 잃지 않도록 힘을 필요로 했던 샷이다. 장갑을 끼지 않은 손이 얼마나 잘 펴져있는지 보자. 임팩트를 한 후에도 공격적인 스윙을 하고 있다. 샷은 성공했다. 내 두 눈은 볼이 날아가는 것을 주시하고 있다.

디봇이 만들어지지 않은 35m 피치샷으로 날카롭게 내리치기보다는 잔디를 살짝 스치면서 공을 건져내고 있다. 역회전을 많이 주어 공이 떨어지는 곳 부근에 즉시 정지시킬 목적으로 샷을 했다. 홀을 직접 공략했기 때문에 공이 뒤로 굴러올 정도의 역회전은 주지 않았다. 손목코킹 기술의 좋은 점 하나는 회전을 제어할 수 있다는 것이다.

‹

나는 가끔 피치샷을 할 때 장
갑을 끼지 않는다. 내가 어릴
때 생긴 습관으로 장갑을 끼면
서 생기는 잡다한 문제로 방해
받기 싫기 때문이다. 지금은
오히려 가끔 장갑을 끼는 편이
며 다른 쇼트게임을 할 때는
벗는다. 샷 할 때 순간적인 감
을 느끼기 위해서다.

플롭샷은 완벽한 임팩트를
할 수 없는 지역에서 하는 샷이다.
대부분의 클럽헤드는 공의 뒤를
치거나 공의 바로 밑을 친다.

183

→ **제 5 장**

Flop & Lob

플롭샷과 로브샷

어린 시절 뒤뜰에서 칩샷 연습을 많이 했다. 실증이 날 때는 플롭샷과 로브샷을 했는데 참 재미있었다. 내가 의미하는 플롭샷은 공을 깨끗하게 쳐낼 수 없는 러프 내 공이 살짝 떠있는 라이에서 빠져 나오는 샷이다. 회전 없이 공의 궤도로 거리와 낙하 상태를 제어한다. 로브는 플롭샷과 비슷하나 공과 클럽 사이에 잔디가 없기 때문에 공에 회전이 생긴다. 플롭샷과 로브샷을 뒤뜰에서 연습할 때는 부담이 없지만 토너먼트에서는 샷의 결과가 좋으면 명예를 가져다준다. ❯

밥 호프 크라이슬러 클래식 마지막 라운드를 공동 10위로 출발하고 있었다. PGA 웨스트 팔머 코스에서 선두와 네 타차였다. 16, 17번 홀 버디에 이어 연장전에 나가려면 한 개의 버디가 더 필요했다. 18번 홀 어프로치가 그린 좌측 짧은 러프에 떨어졌다. 앞쪽으로는 심한 내리막이었고 홀 근처에 공을 세우려면 탄도가 높은 샷이 필요했다. 플롭샷을 하기 위해선 클럽페이스를 열고 그린에 부드럽게 안착할 수 있도록 가능한 높은 탄도를 만들어 냈다. 그 결과 홀에 붙여 버디를 성공시켰다.

좀 강하게 샷을 해야 하기 때문에, 특히 거리가 짧을 때면 플롭샷에는 행운도 따라야 한다. 그러나 그린에 여유가 있으면 공에 회전을 만들지 않는다. 나는 그린의 어디에 떨어뜨려 얼마만큼 굴릴 것인가를 계산할 수 있다. 로브샷에선 공을 정확하게 임팩트 할 수 있고 회전을 이용하여 공을 1m 원 안에 넣을 수가 있기 때문에 컨트롤 샷을 구사한다.

• • •

2006년 전미 오픈에서는 잘 맞은 공이 거의 없었다. 3라운드의 절반을 지나면

서 보기를 연속 두 번하고 페어웨이와 그린을 놓쳐서 선두와 다섯 타 차이가 났다. 10번 홀 파 3에서 그린의 우측 앞에 있는 깃대를 공략하였으나 내리막 언덕을 맞고 굴러 내려와 그린에서 멀어졌다. 스물여섯 홀을 남겨 둔 상황에서 또 다시 보기를 한다면 우승을 바라보기란 어려운 상황이었다. 로브샷을 하기 위해 64도 웨지를 꺼내 짧은 풀 위에 놓여있는 라이에서 벙커를 넘겨 떨어뜨린 후 공을 30cm 이내에 정지시켜 반드시 파를 해야 할 상황에서 나는 파를 했다.

그 코스엔 아주 다른 두 종류의 라이가 있었는데, 하나는 공이 떠있는 라이이고 다른 하나는 짧은 풀 위에 공이 지면과 가깝게 놓여있는 라이였다. 둘 중 어디에서 플레이를 하더라도 마음의 중압감은 컸다. 그런 중압감이 있는 상황에서 두 번의 퍼팅으로 홀을 마친다는 것도 쉬운 일은 아니다. 그래서 나는 그린 주변에서 퍼트나 로브샷, 플롭샷 등 모든 쇼트게임을 공격적으로 한다. 그리고 항상 홀컵에 집어넣는다는 생각을 한다.

• • •

풀이 길거나 억세도 수년간 연습을 해왔

기 때문에 나에게는 큰 문제가 되지 않는다. 그 이유는 또 있다. 많은 선수들은 본인들이 좋아하는 라이에서 칩핑이나 쇼트게임을 연습하는 것으로 알고 있다. 그러나 나는 라이가 좋건 나쁘건 공이 놓여있는 그 자리에서 연습을 한다. 이 습관이 다양한 조건에서도 샷을 할 수 있는 능력을 키워 주었다. 경기에선 라이에 큰 신경을 쓰지 않는다. 연습과정에서 이와 비슷한 상황을 경험하고 대처하는 요령을 이미 체득했기 때문이다.

러프에서 플롭샷을 한 것이 버디가 되어 그날 64 최저타로 기록되었으며, 연장전에 나가 통상 20번째 우승을 밥 호프 클래식에서 기록하였다.

토요일 10번 홀에서 파를 한 것이 대회 내내 분위기를 탔다. 그 후 그린을 한 번도 놓치지 않고 두 개의 버디를 하면서 마지막 라운드를 공동 선두로 나갔다. 우승은 못했으나 쇼트게임이 아니었더라면 우승을 바라 볼 기회마저 없었을 것이다.

터프가 클럽을 잡아끌기 때문에 풀을 헤쳐가기 위해서 플롭샷은 헤드스피드가 더 많이 필요하다.

→ 플롭샷과 로브샷 중 어느 것을 할 것인가?

두 개의 샷은 공을 높이 띄우면서 짧은 거리를 만들어 내기 때문에 서로 비슷하게 보인다. 그러나 기술적인 면에서 보면 세 가지가 서로 다르다. 플롭샷과 로브샷의 형태는 라이에 의해 크게 좌우된다. 즉 긴 풀 속에 잠겨 있는지 또는 떠 있는지, 딱딱한 지면이나 그린 주변 풀과 접촉해있는지에 따라 좌우된다. 공의 라이 상태에 따라 회전을 이용하거나 혹은 높이 띄우는 방법으로 그린 위에서 공을 즉시 멈추게 만든다. 플롭샷과 로브샷은 공의 위치, 클럽페이스를 여는 정도, 그리고 공을 얼마나 깨끗이 쳐내는가에 따라 좌우된다. 사진에 있는 두 개의 플롭샷은 공의 뒤쪽을 정확하게 임팩트 했을 때의 결과이다. 반면 로브샷은 가파르게 공을 내리찍어 쳐서 풀의 저항을 가능한 작게 만드는 샷이다.

플롭샷 제안 1 : 지면의 바운스를 이용하라

대표적인 로브샷은 지면이 단단하고 평평하며 풀이 짧은 곳에서 하는 것이다. 샌드웨지 클럽페이스를 열고 공 뒤쪽 5~7cm 정도를 겨냥한다. 공격적인 스윙을 하여 클럽의 솔이 딱딱한 땅을 파고 들어가다가 바운스가 만들어지면서 다시 튀어 오른다. 공은 클럽페이스가 최하점을 지나 올라가면서 맞추게 된다. 이때 공은 높이 뜨고 떨어지는 즉시 정지한다. 이런 종류의 플롭샷은 그린에지 가까이 있는 핀을 공략할 때 아주 유효하다.

스핀이 적은 로브샷 제안 : 공이 풀 위에 떠있을 때 한다

공이 짧은 풀 위에 떠 있을 때 스핀이 적은 로브샷을 한다. 공이 완벽하게 잘 놓여 있을 때 또는 공이 풀 속 깊은 곳에 있지만 지면과 떨어져 있을 때 한다. 임팩트가 이루어지기 전에 클럽헤드가 풀을 너무 깊이 파고들어 가지 않도록 하여 공이 러프를 탈출할 수 있게 만드는 것이 관건이다. 로브샷을 정확하게 하면 공을 정타로 맞추게 된다.

플롭샷 제안 2 : 힘껏 내리쳐라

두 번째 유형은 라이가 매우 불량하고 긴 풀 속에 공이 잠겨 있는 상황이다. 주변 여건이 좋다고 해도 공이 어떻게 날아갈지 모른다. 그러나 모든 골퍼가 원하는 공을 높이 띄워 가볍게 안착시킬 수 있다. 핵심은 공 뒤쪽 약 5cm를 강하게 내리치는 것이고 클럽헤드도 최저점에 다다른 순간 즉시 튀어 오른다.

→ 단단한 라이: 치는 방법은 하나뿐

아이언을 칠 때 공을 띄우려면 다운블로로 쳐야 한다는 것은 일종의 법칙이다. 이 법칙에 예외적인 것 하나가 맨땅이나 지면이 딱딱하고 그 위의 풀이 조밀하게 자란 페어웨이의 경우이다. 이때는 비록 아이언이라 할지라도 올려치는 타법을 구사해야 한다. 공을 맞추는 순간에 클럽헤드가 지면을 향해 내려가기보다는 위를 향해 올라가고 있어야 한다. 언뜻 보면 쿠션도 없고 공 아래에도 부드러운 부분이 없어 도저히 치지 못할 것 같다. 하지만 클럽이 어떻게 위로 올라가면서 임팩트를 만들어 낼 수 있는가? 사실 여러분도 그 샷을 할 수 있으며 그것도 어렵지 않게 만들어 낼 수 있다.

마음만 있으면 할 수 있다. 여러분의 목표는 단단한 지면 뒤를 파고들어 가는 것이다. 그래서 지면의 반작용으로 클럽을 밀어 낼 때까지 밀고 들어가다 지면의 반발로 공을 띄우는 것이다. 공은 아주 높게 떠서 가볍게 떨어진다.

벙커의 내리막 라이에서 점검한 한 발 테스트를 기억하는가?* 여기에서도 똑같은 원리가 적용된다. 다운스윙을 할 때 급격한 경사로 내리치기 위하여 체중의 대부분을 앞발에 싣고 공도 스탠스 앞쪽에 놓는다. 클럽페이스를 활짝 열어서 거의 수평 상태로 만든다. 클럽 머리 끝 부분이 거의 땅에 닿을 정도까지 클럽을 연다.

* 119쪽 참조 – 옮긴이

클럽헤드가 위로 올라가고 있다 – 백문이 불여일견

연속 사진에서 공 옆에 있는 티를 보면 풀이 얼마나 짧고 또 풀 아래의 지면이 어느 정도 단단한 라이인지를 즉시 알 수 있다. 어드레스 할 때 클럽 면을 활짝 열었다(A). 로프트를 크게 하고 솔을 따라 바운스를 만들기 위해서다. 클럽은 공의 5~7cm 뒤를 공략한 뒤 마치 물 수제비 뜨듯 공을 떠올린다(B). 공은 하늘을 향해 직선으로 솟구친다. 디봇(큰 사진)은 얼마나 빠른 속도와 힘으로 샷을 했는가를 보여준다.

→ 모든 능력을 동원하라

플롭샷과 로브샷 모두 상당한 스피드가 요구된다.
클럽을 열어 공이 하늘 높이 뜨기 때문에 비거리를 확보하기 위해선 스피드가 필요하다. 단단한 라이에서 플롭샷을 하려면 우선 단단한 지면에 클럽을 파고 집어넣을 수 있어야 하고, 그 다음 지면을 박차고 앞으로 튀어 오르게 만들 수 있어야 한다. 지면의 마찰이 클럽을 잡아당기게 방치해서는 안 된다. 목표를 향해 주저하지 말고 계속 이동시켜야 한다. 이런 힘을 만들기 위해 백스윙은 아이언 풀샷을 하는 것과 같이 스윙 폭이 커야 한다. 손목코킹은 필수다. 다운스윙을 하는 동안 내내 손이 모든 것을 이끌고 나가야 하며 팔은 최대한의 스피드를 만들어 내야 한다. 스윙이 크다고 걱정할 필요가 없다. 이런 유형의 플롭샷에는 실제로 에러가 발생할 가능성이 많다. 본래 계획했던 타격지점보다 앞이나 뒤를 칠 수도 있으나 바운스가 작용하여 지면을 차고 오르면서 나쁜 라이에 비해 꽤 좋은 결과를 얻을 수 있다.

전력을 다해 백스윙 하라

백스윙을 작게 하면 단단한 라이에선 플롭샷을 할 수 없다. 스윙 폭이 작으면 팔이 다운스윙을 하면서 충분한 스피드를 만들어 낼 수 없다. 어깨와 힙을 최대한 돌려서 몸을 완전히 비틀어라(A).

다운스윙 : 힘을 맘껏 쏟아 부어라

다운스윙은 몸의 균형을 잃지 않는 범위 내에서 가장 세게 공격적으로 한
다(B). 팔로 가속을 만들 때 체중이 앞발에 실리도록 하는 것을 잊지 말아
야 한다. 공을 칠 때는 두 손을 가파르게 내려 보내야 한다.

축적된 스피드로 피니시를 높게 만들어라

임팩트를 할 때 지면으로부터 저항을 받더라도 가속을 만드는데 집중하여
임팩트 시 속도가 느려지는 모든 장애 요소를 제거하라. 폴로스루를 100%
다하면 다할수록 성공 확률은 높아진다(C).

→ 어려운 라이 : 최고의 플롭샷 기회

모든 선수에게 가장 어려운 상황은 그린 주변 두꺼운 풀에 공이 파묻혀 있는 경우이다. 홀까지의 거리가 가깝고 그린에 여유가 없을 때는 특히 어렵다. 목표는 1m 원 안에 붙이는 것인데 모든 라이가 각기 다르기 때문에 쉽지 않다. 그러나 그렇게 실망할 일은 아니다. 파를 할 수 있는 기회를 만들어주는 플롭샷이 있기 때문이다. 라이가 나쁜 곳에서의 플롭샷은 한 가지 제약을 받는다. 공과 클럽 사이에 풀이 많기 때문에 역회전을 만들 수 없다는 것이다. 공을 그린에 떨어뜨려 빨리 정지하게 하는 방법은 공을 높이 띄우는 것 이외에는 대안이 없다. 공을 급하게 높이 띄웠다면 공은 그린에 거의 수직으로 떨어져 즉시 멈출 것이다.

아래 사진의 라이는 나쁜 것이다. 이 경우는 그린을 2~3m 짧게 놓친 경우의 대표적인 사례이다. 칩핑으로는 충분한 클럽 속도를 만들어 낼 수 없으며 피치샷도 공을 빨리 정지시킬 수 있도록 높이 띄울 수 없는 상황이다. 자, 이제 클럽페이스를 열고 공의 뒤를 겨냥하는 것부터 시작하자. 풀이 공보다 길면 상황은 더 나쁘지만 풀이 길면 길수록 클럽페이스를 더 열자.

어느 정도 급하게
내리칠까?

클럽페이스를 최대한 열고 공
의 5~7cm 정도 뒤쪽을 겨냥
한다(작은 사진). 이와 같이 급
하게 내리치는 샷에서는 스윙
스피드를 상당히 빨리 해야 한
다. 그래서 손목을 최대한 코
킹하고 장갑 낀 손을 크게 뒤
로 돌린다. 동시에 어깨도 함
께 회전을 만든다. 60도 웨지
클럽 면이 부채를 펼친 것처럼
보이지 않는가? 이때는 오직
한 가지 목표의식을 가지고 스
윙을 한다. 클럽헤드를 공 위
쪽으로 가파르게 처박아 넣어 클
럽이 가장 낮을 때 공 밑을 지
나가게 하겠다는 목표의식만
가진다. 체중이 앞발에 집중된
것을 잘 보자.

힘으로 내리치는 폼나는 스윙은 하지 마라

두꺼운 풀에서 플롭샷을 할 때 면 평상시에 60도 샌드웨지로 최대 80m를 보낼 때와 같은 샷 을 그대로 한다. 그러나 라이가 나빠, 클럽페이스를 열고 공을 직접 치는 것이 아니기 때문에 실제 공이 날아가는 비거리는 약 5m에 불과하다. 이때 여러 분은 샷을 공격적으로 해야겠 다는 의지를 가지고 팔을 이용 해 스피드를 최대한 올려 작심 한 그대로 공격적인 샷을 해야 한다. 모든 힘을 다운스윙에 쏟 아 붓고 손을 낮게 피니시하면 서 체중은 반드시 앞발에 실어 야 한다. 클럽헤드가 최하점에 다다르면 공은 높은 각으로 튀 어 오르게 되고(오른쪽) 회전은 걸리지 않는다.

→ 정면 돌파 합시다

풀 속에 반쯤 파묻혀 있는 라이에서 플롭샷을 할 때 가장 큰 위험 요소는 풀이 클럽 을 잡아 당겨 헤드가 최하점에 다다를 때 이미 속도가 느려지는 현상이다. 또 다른 난제는 풀이 클럽 목부분을 휘어감아 클럽이 돌아가는 것이다. 클럽이 회전하면 로 프트가 작아져 높은 공을 만들어야 할 긴박한 상황에서 큰 낭패를 보게 된다. 이런 종류의 샷을 할 때면 기교를 부리기보다는 힘으로 공을 쳐내야 한다는 것을 명심

**풀의 저항은 피니시를
작게 만든다**

클럽을 아주 가파른 각도로 가
져가기 때문에 공 밑을 파고
들어간 직후 지면의 저항으로
스윙이 즉시 멈출 수도 있다.
문제될 것은 없다. 클럽헤드가
정확하게 파고들어간 결과이
다. 여러분은 내가 클럽페이스
를 엄청나게 많이 열고 있는
것을 볼 수 있을 것이다(반대쪽
사진). 그리고 열린 페이스를
끝까지 유지하려고 노력하는
스윙을 보라(왼쪽). 이와 같이
클럽페이스를 계속 열어준다
면 공은 계획한 그대로 탄도도
높고 여유있게 날아가 그린에
떨어지면서 즉시 멈춘다. 내가
어디를 바라보고 있는지 살펴
보자. 날아가는 공을 보고 있
는 것이다. 두 눈동자는 내가
방금 플롭샷으로 아주 높은 탄
도의 공을 만들어 냈다고 힌트
를 보내고 있다.

하자. 클럽헤드 스피드를 더욱 빠르게 하고 동시에 힘도 주어야 한다. 그립은 평소
보다 강하게 잡고 임팩트가 이루어지는 순간 손목에 요동이 없어야 한다. 이때 잘
못하면 손을 많이 이용해 땅바닥까지 파고 들어가는 심한 뒤땅치기가 발생하므로
손목코킹이 꼭 필요하다. 팔과 손으로 클럽을 리드하고 임팩트 할 때 풀의 저항이
있는 것을 미리 예상하자.

→ 라이가 아주 좋다고?
낮은 탄도에 역회전 로브샷을 합시다

라이가 딱딱한 곳과 나쁜 곳에서의 플롭샷에 대해 레슨을 받았다. 공이 어떻게 놓여있는 것이 좋은 라이일까? 물론 주변 여건이 좋아 여러분이 좋아하는 어떤 샷도 마음대로 할 수 있는 경우를 말할 것이다. 그러나 가장 좋은 라이는 탄도가 낮고 회전을 만들어 낼 수 있는 안성맞춤과 같은 로브샷이 가능한 곳이다. 여러분에게 추천할 만한 기술이다. 특히 그린에 여유가 있어 공의 탄도를 낮게 만들어서 그린에 떨어지자마자 공을 곧바로 정지시키는 그런 기술이다. 보기에도 그렇지만 실제 해보면 게임의 청량제 같은 샷이다. 다른 잡생각을 할 필요조차 없는 샷이기에 그렇다. 클럽페이스가 가파르게 내려가 마치 짜깁기를 하듯 공만 살짝 떠올리는 샷을 하는 것이 이 샷의 목표다. 비록 아주 빠른 스피드로 공을 쳐내지는 않지만 역회전이 많이 발생하여 공은 급정거한다.

힘보다는 기술이 관건

낮고 회전량이 많은 로브샷을 하려면 클럽페이스를 열고 공을 뒷발 쪽에 이동시켜 급하게 내리칠 수 있도록 놓아야 한다. 손목코킹을 이용하여 백스윙 폭의 크기를 작게 하라. 공을 직접 맞추기 때문에 헤드속도가 아주 빠를 필요는 없다. 공을 강하게 임팩트 하지 않아도 탄도는 낮게 나오고 역회전은 충분하게 만들어진다.

완벽한 라이, 절호의 낮은 로브샷 기회!

모든 골퍼들에게 주어지는 기회로 나는 이러한 라이를 만나면 약간 흥분된다. 클럽과 공 사이에 풀이 끼어들 것도 없으며 라이도 굳기가 어느 정도 있어 완벽한 플롭샷을 하게 된다. 이렇게 좋은 라이는 여러분이 좋아하는 샷으로 처리할 수 있다. 다만, 공을 깨끗하게 맞춘 후 디봇을 만들어 내는 스윙을 해야 한다.

클럽페이스를 열고 급하게 내리쳐라

다운스윙을 할 때 코킹을 유지하고 가속만 생각하여 공을 깨끗하게 쳐내라. 공을 향하는 클럽의 각은 급하고 클럽페이스는 열려 있어야 한다. 임팩트 과정에서 클럽페이스는 공을 면도하듯이 지나간다. 클럽 면의 홈이 부드러운 공 표면에 마찰을 일으키면서 엄청난 회전을 만들어 낸다(오른쪽). 역회전의 크기는 클럽의 빠르기가 아니라 임팩트 요령에 따라 좌우된다는 것을 명심하자. 클럽헤드를 공에 가져가기 위해 급작스럽게 힘을 주는 행위는 근절해야 한다. 손목을 꺾지 않으면 짜깁기 하듯 공을 쳐낼 수 없으며 정상적인 스윙이 어려워 그린에 떨어진 후에도 결과가 좋지 않다.

회전이 걸린 로브샷

→ 공만 살짝 떠내기

공의 뒤를 정확하게 쳐내야 하는 경우에는 탄도가 낮고 회전이 많은 로브샷이 가장 효과적이다. 또한 무리하게 공을 직접 가격할 필요가 없는 유일한 아이언샷이다. 클럽페이스로 공을 때리기보다는 클럽이 공의 표면만 스치고 지나가게 하여 클럽에 의해 파인 홈이 공의 표면에 마찰을 만드는 것이 목표이다. 이 동작은 탁구에서

피니시를 유지하면서 볼을 주시하라

아래를 향하여 내리치는 스윙을 하더라도 클럽헤드가 깊이 파고들지 못하기 때문에 디봇이 패인 범위가 넓게 나타난다. 터프의 저항이 작기 때문에 폴로스루를 끝까지 잘해야 한다. 손목코킹을 이용해 일체감을 가지고 두 팔을 죽 펴야 한다(왼쪽). 나의 폴로스루가 크지 않은 것을 확인하자. 폴로스루로 보아 백스윙은 짧고 간단하였으며 손이 스윙을 주도했다는 것을 알 수 있다. 공이 낮게 튀어 오르지만 속도는 비교적 느리다. 그린에 떨어져 세 번 정도 튄 후 홀을 향해 짧은 거리를 굴러갈 것이다.

공을 공중에 띄워놓고 라켓을 이용하여 칼로 공을 자르듯 회전을 만드는 기술과 비슷하다. 이 샷은 말 그대로 낮게 떠서 그린에 떨어뜨린 후 정지하지 않고 짧은 거리를 굴러가게 한다. 라이가 별로일 때와 플레이 할 그린이 좁을 때 아주 강력한 무기가 될 수 있다.

나는 이 샷을 '물레방아 샷'이라 부른다

숙달된 선수만이 공을 뒤로 보낼 수 있다. 균형을
잘 잡아야 하고 손과 눈이 일체가 되어야 샷을 만
들어 낼 수 있다(그것도 안전하게!). 상체를 언덕과
수직이 되게 어드레스하고 체중의 거의 모두를
뒷발에 실어라. 클럽페이스의 로프트가 뒤를 향하
고 있는지 눈으로 확인하라(오른쪽과 큰 사진). 백스
윙은 완전히 그리고 정교하게 하라(작은 사진). 어
깨는 돌릴 수 있는 한 최대한으로 돌리고 하체는
완전히 고정시켜라.

→ 즐겨 봅시다

지난 몇 년간 샷을 하면서 가장 즐겼던 때가 있다
면 내가 조준하고 있던 방향과 반대 방향으로 공
을 날린 것이다. 오른쪽 연속 사진에서 공이 뒤쪽
사진사가 서 있는 곳까지 다가갔다. 어릴 때 그 샷
을 배운 이후로 나는 토너먼트에서 그 샷을 하는
날이 오기를 기다려 왔다. 그런 기회가 올 확률은
매우 낮았다. 공이 급경사진 턱에 걸려 있어야 하
는데 꿈속에서나 만날 수 있는 드문 기회이다. 드
디어 AT&T 페블비치 프로암대회에서 기회를 잡
았다. 관중들은 내가 그린의 반대쪽을 향해 어드
레스 취하는 것을 보고 무슨 영문인지 몰라 어리
둥절했다. 그러나 내 의도대로 공이 그린에 떨어
졌을 때 관중들은 열광에 열광을 했다. 나 역시 흥
분하고 있었다.

물레방아 샷을 하려면 동그란 스윙을 하라

앞 스윙을 할 때 체중은 뒷발에 두라. 팔은 가급적 빠른 속도로 스윙을 주도하고 손목을 너무 일찍 꺾어서는 안 된다. 이 책에서 처음으로 언급하는 클럽릴리스를 스윙 초기에 하라. 손목이 서로 덮이지 않게 하되 장갑 낀 손목을 회전하여 장갑의 상표가 등 뒤에 있는 목표를 향하게 하라. 공은 어깨를 넘어 뒤쪽을 향해 날아간다(왼쪽과 작은 사진). 공이 그린에 떨어지면 전진 회전의 영향으로 멀리 굴러가는 기상천외한 장면을 보게 된다. 이 샷을 성공했을 때의 기분은 환상적이었다. 못할 이유도 없지 않은가? 게임의 전부는 재미다.

KPMG
BARCLAYS
Callaway
GOLF

→ 실전 레슨

>

이 샷은 2008년 토리 파인스에서 열린 미국 오픈에서 그린 주변 어려운 라이에서 샷을 하는 장면이다. 그린은 매우 빠르고 일반 칩샷은 공이 많이 구르기 때문에 홀을 지나칠 우려가 있었다. 어깨는 그다지 회전을 하지 않았는데도 뒷발 뒤꿈치가 들린 것으로 보아 나는 매우 공격적인 스윙을 했다.

<

이 샷은 2009년 CA 챔피언십대회로 알고 있다. 공은 높이 떠오르고 있으며 클럽헤드가 공보다 밑에 있어 걱정스런 표정을 짓고 있다. 그래서 임팩트 시 클럽페이스가 열리지 않고 직각이 되도록 팔목을 돌리고 있다. 폴로스루 때 클럽의 끝이 위를 향하고 있는 매우 드문 사례이다.

>

이 사진도 2008년 미국 오픈 사진이다. 탄도는 낮고 회전을 만드는 로브샷을 하고 있으며 공이 내 머리 근처까지 뜨고 있다. 라이가 좋아서 제5장에서 설명한 낮은 탄도와 회전을 만드는 기술을 쓰고 있다. 장갑을 끼지 않은 손이 곧게 펴져 있는 것을 보자. 두 손은 목표를 향하고 있다.

나를 포함한 모든 관중들이
2009년 CA 챔피언십 마지막
라운드 플레이도중 플롭샷의
공을 따라 고개를 돌리고 있
다. 100% 스윙을 한 플롭샷으
로 모든 힘과 최고의 속도를
만들어 냈다. 도럴컨트리 클럽
은 버뮤다그라스로 되어 있으
며 공이 묻혀 있는 경우라면
공을 띄우기 위해 가속을 반드
시 붙여야 한다.

옮긴이의 글

그동안 골프에 대한 관심을 가지고 나름대로 골프 관련 서적을 많이 보았다. 가장 기억에 남는 벤 호건의 모던골프를 시작으로 해서 스윙부터 퍼팅까지 골고루 섭렵하여 나름대로 골프에 대한 이론을 정립했다고 생각했었다. 특히 쇼트게임은 골프의 절반 이상을 차지하지만 기본만 잘 지키면 크게 어렵지 않고 쉽다고 보았다.

그러나 이 책을 번역하면서 부끄러운 생각이 들었다. 그동안 내가 얼마나 무지했으며 그 알량한 지식으로 사람들을 지도했는가를 떠올리면 대학 교수로서 헛된 것을 가르쳤다는 창피한 마음에 몸 둘 바를 모르겠다. 홀컵에 가까이 붙이려고만 했던 과거와 홀컵에 넣으려고만 했던 욕심은 어디에서 왔던 것일까? 연습 때부터 기본을 따라하고 기본 기술을 익혀 아무 생각 없이 그때의 상황에 맞는 샷을 찾아 기계적으로 공을 치는 쇼트게임을 한 나였다. 번역을 하면서 이와 같은 연습과 쇼트게임이 얼마나 무지한 것인가를 깨닫게 되었다.

필 미켈슨이 다른 골퍼와 다른 점은 게임을 창조해간다는 것이다. 똑같은 상황에서도 그는 기본 원리를 이용하여 전혀 다른 샷을 만들어 낸다. 그 대표적인 예가 이번 번역에서 처음 만들어낸 용어로 '물레방아 샷'이다. 역사상 그 누구도 앞을 향해 공을 치면서 어깨를 넘겨 뒤로 보내려는 생각을 할 수 있었을까? 더구나 필 미켈슨은 이러한 것을 어린 시절부터 알고 있었다니 그의 창조적 재능은 과히 타의 추종을 불허한다.

그동안 발행된 골프 관련 서적을 보면서 무슨 내용인지 알 수 없을 정도로 애매모호한 표현이 많아 짜증을 내면서 책을 읽은 기억이 있다. 그래서 언젠가 한 번 기회가 된다면 일반인들도 골프 지침서의 내용을 쉽게 이해하는 우리의 정서로 표현된 번역서를 만들고 싶었다. 그러던 중에 세계적인 골퍼의 쇼트게임을 번역하게 되어 무척 기쁘다. 그러나 한편으로는 필 미켈슨이 독자에게 전달하려는 의도를 완벽하게 소화하여 독자의 머릿속에 정확히 심어줄 수 있을까 하는 두려움도 없지 않았다. 생각보다 시간이 많이 소요되었다. 필 미켈슨의 생각을 우리의 정서로 만들어 내기가 만만치 않았다. 그래서 많은 부분의 번역이 부실할지도 모른다. 나름대로 최선을 다하였으나 독자 여러분이 어떤 평가를 내릴지는 자못 궁금하다.

우연인지는 모르나 번역을 결심할 때 내 몸은 이미 나쁜 병마에 빠져 있었다. 다시 올라오지 못할지도 모를 깊은 절망에서 병마와 싸우면서 틈틈이 번역을 해왔다. 절벽을 거의 올라올 때쯤 번역도 마무리 되어, 내게는 이 책의 번역이 인생의 큰 의미를 차지하게 되었다.

그때 깊은 벼랑에서 나를 이끌어주시고 용기를 주신 주변 동료들의 격려를 평생 잊을 수가 없다. 이 책은 그분들이 나를 사랑해주신 소중한 결과물이다.

이 책을 투병기간 동안 용기를 주신 공주대학교 가족 모두께 바칩니다.

2009년 12월

옮긴이 이동우